日子跟跟跑跑，

如何拥有高质量的亲密关系

吴继康 著

我俩
稳稳当当

人民邮电出版社

北京

图书在版编目（ＣＩＰ）数据

日子跕跕跄跄，我俩稳稳当当 ： 如何拥有高质量的亲密关系 / 吴继康著. -- 北京 ： 人民邮电出版社，2024.1（2024.1重印）
　　ISBN 978-7-115-63073-5

　　Ⅰ．①日… Ⅱ．①吴… Ⅲ．①恋爱心理学 Ⅳ.①C913.1

中国国家版本馆CIP数据核字(2023)第207457号

内 容 提 要

　　亲密关系的质量直接关系到一个人的成长与幸福。好的亲密关系靠的是经营，但是"经营"需要方法，很多情侣与夫妻就是因为不懂方法，而让甜蜜变成了怨怼。

　　本书针对处在亲密关系中的情侣和夫妻，用积极心理学的方法帮助他们打造幸福甜蜜的亲密关系。本书的视角独特，为了让爱情账户保持持续充盈，作者从两大方向入手：爱的节流和爱的开源。爱的节流介绍了亲密关系中的那些雷区和深坑，以及避开这些雷区和深坑的方法，包括非暴力沟通、尊重差异、问题解决五步法等；爱的开源则介绍了多种积极心理学方法，包括养成赞美与欣赏的习惯、亲密互动法、优势探索、共品美好、尊重与支持彼此的目标与梦想等。

　　本书适合每一对期待拥有高质量亲密关系的情侣和夫妻，希望大家在阅读后都能对爱情保持初心，甚至有更深的理解。

◆ 　著　　吴继康
　　责任编辑　姜　珊
　　责任印制　彭志环

◆ 人民邮电出版社出版发行　　北京市丰台区成寿寺路11号
　邮编 100164　　电子邮件 315@ptpress.com.cn
　网址 https://www.ptpress.com.cn
　三河市中晟雅豪印务有限公司印刷

◆ 开本：880×1230　1/32
　印张：8　　　　　　　　　　　2024 年 1 月第 1 版
　字数：150 千字　　　　　　　2024 年 1 月河北第 2 次印刷

定　价：59.80 元

读者服务热线：（010）81055656　印装质量热线：（010）81055316
反盗版热线：（010）81055315

广告经营许可证：京东市监广登字 20170147号

致谢

　　谨以此书，作为爱的礼物献给

　　我的爷爷吴至余，我的姥爷于治才

　　我的奶奶李秀贞，我的姥姥张桂芹

　　我的爸爸吴德俭，我的妈妈于素华

　　感恩你们爱的传承，才有了我的出生

　　感恩你们无私的爱，给我快乐的童年

　　你们是我的至亲，也是我学习的榜样

　　　　我会把这份爱，继续传递下去

各方推荐

彭凯平
清华大学社科学院院长

想要活出心花怒放的人生，离不开高质量亲密关系的加持，书里分享的积极心理学方法值得一试。

赵昱鲲
清华大学社科学院积极心理学研究中心副主任

本书介绍的知识和方法，都有着坚实的科学证据，相信能帮助大家在亲密关系里做到"相看两不厌"。

雅君
十点读书

本书关注的群体很有趣——结婚没几年的年轻小夫妻，"踉踉跄跄"就是他们的生活状态。书中所讲的很多问题可能你我都曾遇到过，但不曾处理好，那么这就是一本有趣的吵架修复指南。

日子踉踉跄跄，我俩稳稳当当
如何拥有高质量的亲密关系

许川老师

资深婚姻家庭治疗师、相待心理创办者

是否进入亲密关系是个人的选择，如果已经建立了亲密关系且想要好好经营，那么这是需要一些原则和方法的。

陈晓峰

慈怀读书会创办者

经营企业的管理人员，都会主动学习相关知识，而经营亲密关系的伴侣，却很少为彼此去专门学习。《日子踉踉跄跄，我俩稳稳当当》，这本书给了我们一个非常有趣的视角，并提供了稳妥的方法。企业经营无非是开源和节流，亲密关系也是如此，我们也要对爱进行开源和节流，让爱情账户保持充盈，并且用积极心理学来给爱持续注入爱的能量。

潘幸知

爱是一种需要学习的能力！我很赞同作者关于爱情账户的观点，每一个身处亲密关系里的人，都需要去学习如何识别和存储爱情货币，如何规避爱情账户破产的风险。尤其是这本书从积极心理学视角出发，给出了大量如何储存爱情货币的方法，"非常赞"！推荐大家阅读这本书，让我们一起为爱情账户开源节流，永浴爱河！

爱的开源与节流：
用积极心理学打造甜蜜幸福的亲密关系

如果爱情是一壶热水，为什么会慢慢变凉

为什么很多人恋爱的时候甜甜蜜蜜，新婚伊始还在憧憬着美好未来，但过着过着感情就慢慢变凉了呢？以前是无话不说，现在是无话可说；以前是彼此欣赏，现在是相互嫌弃。

这里涉及的原因纷繁复杂，最主要的原因还是两个人有没有给爱情持续注入爱的能量。如果把爱情或者婚姻比作炉子上的一壶水，那么很多人的感情在谈恋爱、刚结婚和度蜜月的时候，就已跟烧开的水一样火热沸腾了。是什么原因会让这壶水渐渐变温、变凉甚至冻成冰呢？

相信你也能猜到答案：如果不持续加柴火给热量，火就小了，没有了热量维持，壶里的水就会变温变凉。这个火的热量就是爱的能量。如果不仅不添柴火，还不断地往壶里加冰块，这壶水就会凉得很快。这里的冰块是指伤害对方和感情的各种"恶言恶行"。

夫妻二人之所以没能持续给爱情这壶水注入爱的能量，通常有三方面的原因。

第一个原因：激情减退。美国康奈尔大学的心理学教授辛迪·哈赞（Cindy Hazan）调查了全球 37 种不同文化背景的 5000 对伴侣，结论是爱情的"保鲜期"只有 18 ~ 30 个月。哈赞教授说，18 ~ 30 个月足以让一对男女走完从相识相恋到结婚生子的过程了。在这之后，那种一开始所拥有的心跳加快、手心冒汗的"触电感"就消失了。因为彼此已经适应和习惯了对方，新鲜感消失了，激情之火也就慢慢减弱消退了。

第二个原因：压力太大。现代人生活所需的物质条件是越来越好的，但生活和工作的节奏却是越来越快的，压力也是越来越大的。结婚前忙着挣钱攒钱，结婚后就着急还房贷车贷、备孕生娃，步入中年了，又是上有老下有小。留给双方经营亲密关系的时间不断地被压缩消减，直到为零。爱情也需要我们投入时间和精力，没有时间去经营，感情变淡也就在情理之中了。

第三个原因：不懂经营。关于如何经营亲密关系，很多人都是一头雾水的。父母不教，在学校也没有人教，进入社会更不会有人教。其实在遇到问题和矛盾时，绝大多数人都很想好好沟通，并解决问题，但是由于不懂得科学有效的方法，就造成了越沟通越糟糕的结果。

我相信，没有人不渴望拥有一个甜蜜温暖的幸福婚姻。那怎么办呢？我们要做的就是给爱情和婚姻这壶水持续地添柴加火，除此之外，还要尽量防止潜在的冰块落入壶中。我们也许做不到让壶水一直保持在沸腾的状态，但绝对可以将其维持在两个人都舒服满意的温度区间。

爱情就像一壶水，需要你添一把火，
我加一把柴，让爱保持舒服状态。

这本书就是要帮助你运用积极心理学的科学方法，保持爱情的温度，从而收获甜蜜长久的亲密关系和幸福美满的婚姻。

爱的开源与节流：经营美好爱情的心法

在介绍爱的开源与节流的心法之前，我要先介绍一组概念：爱情账户与爱情货币。

存钱需要银行账户，共同经营的亲密关系也有一个账户，叫作爱情账户，爱情账户里的钱叫作爱情货币。我们的目标就是用开源节流的心法，让爱情账户里的爱情货币越来越多。

那怎么储存爱情货币呢？对于银行账户来说，我们有钱了往账户里一转就成了，但是想要存储爱情货币，充盈爱情账户就没那么简单了，它需要你用实际行动表达你的爱，爱一旦被表达出来，就会变成爱情货币飞到爱情账户里。在亲密关系里，你每做一件积极正面的事情，爱情账户里就会自动存入一笔爱情货币，比如，你的一次赞美和夸奖，就会转化为 10 枚爱情货币，被存进你们共同的爱情账户里。

但如果你做了伤害对方和关系的事情，比如指责、谩骂、讽刺、忽视、背叛、出轨等，爱情账户里的爱情货币就会不受你控制地自动减少，比如，一次对另一半的指责批评，就可能会花掉20枚爱情货币。如果是激烈的争吵，账户里就会有100枚爱情货币被瞬间扣掉。也就是说，做积极正面的事情相当于往爱情账户里存钱，做消极负面的事情相当于花销，账户里的爱情货币就会减少。

家里有粮，心里不慌。平时多存钱，没事儿少花钱。

银行账户里钱存多了你会很开心，但研究发现，存款额度达到一定水平，账户里存款再增多时，对幸福感的提升作用是很有限的。但是爱情账户不同，爱情账户里的爱情货币越多，你越能够感受到婚姻的幸福甜蜜。一枚枚爱情货币就是一次次主动的欣赏与赞美，一次次亲密的拥抱与亲吻，一次次温暖的鼓励与关心，一次次无条件的理解与接纳……这样的"货币"越多，婚姻就越幸福。

所以，为了能够越来越幸福，我们平时要多存些爱情货币。多存爱情货币还有一个很大的好处，就是让伴侣能够从容应对关系中出现的负面事件，比如指责、吵架、忽视、冷战等。当发生这些负面事件时，就会花掉爱情账户里的爱情货币。如果我们平时注重爱情货币的存储，偶尔的冲突和矛盾也没什么。因为当你们爱情账户里有几千个爱情货币的时候，偶尔不小心花掉了几百个爱情货币，也不会产生太大的影响。

但如果平时不注意经营关系，为鸡毛蒜皮的小事争吵，一言不合就闹，稍有不满意就要分手，那么爱情账户里本来就不多的爱情货币储备，经不起几次折腾就没了。等到爱情货币用完甚至负债时，爱情账户就破产了，感情和婚姻也就濒临破裂了。

所以，我们要用开源节流的心法保护我们爱情账户里的爱情货币。爱的开源，就是通过使用积极心理学的方法主动做积极正面的事情，以存储更多的爱情货币；爱的节流，则是少做或不做消极负面的事情以节省爱情货币的花销。简单来说，就是用开源的方法往爱情账户里多存些爱情货币，给爱情的炉子里多添点儿柴，保持爱情的热度；用节流的方法少花一些爱情货币，有效处理关系里的问题、矛盾和冲突带来的"花销"，不让冰块掉进爱情水壶里造成失温结冰。

积极心理学取向：爱的开源比节流更重要

任何一段亲密关系，都不可避免地同时存在消极面和积极面。消极面包括各种问题、争吵、指责、冲突、背叛、不忠、出轨、矛盾、冷战，积极面则包括喜欢、赞美、欣赏、包容、鼓励、支持、修复、理解、关心……

积极心理学视角强调把注意力放在彼此和关系里的积极面上。为什么要采取这个视角呢？因为积极心理学更重视预防保健模式，而不是治疗模式。传统心理学的治疗模式，专注在解决问题的技巧层面上。但这只是把矛盾解决了，并不能让两个人感情更好、关系更紧密、婚姻更幸福。问题可以暂时被解决，但新的问题还是会层出不穷。

积极心理学不否认解决问题的重要性，但更注重的是预防保健策略：专注于平时感情的维护与培养，积攒爱情货币，充盈爱情账户。这样做不仅能让关系甜蜜幸福，还能在遇到问题、矛盾和冲突时，很好地缓冲负面事件，把对关系的损害程度降到最低，这相当于提升了关系的免疫系统能力。

积极心理学取向注重在平时就让爱情和婚姻保持"锻炼"状态，也就是多存些爱情货币，让婚姻健康、免疫力强，这样的亲密关系才能"不生病""少生病"即使"生病"了也能够依靠强大的免疫力快速恢复到健康状态。

专门研究婚恋关系的心理学家约翰·戈特曼（John Gottman）教授，在观察了 2000 对夫妇之后发现，在幸福的婚姻关系中，并不是一点矛盾和争吵都没有，而是积极的互动（微笑、赞美、鼓励、支持、拥抱、亲吻等）多于消极的互动（指责、鄙视、反对、忽视、嘲笑等），这个比例至少要达到 3∶1。

也就是说，一句难听的话带来的消极影响，需要用三句好听的话（比如，"我爱你"）的积极影响才能弥补。在那些幸福美满的婚姻中，这个比例通常能达到 5∶1，而如果这个比例降到了 1∶1 或以下，就离分手、离婚不远了。

从这个研究可以看出，那些婚姻幸福的伴侣们都在使用开源节流的心法，他们尤其注重爱情货币的日常积攒，因为每一次积极的互动都是在积攒爱情货币。而那些关系糟糕的伴侣们，他们存储的爱情货币一定是入不敷出。其实两个人一起生活，过得好不好，关键点就藏在日常的互动中，积极正面的互动越多，关系就越亲密越幸福。

如果婚姻是一个小屋的话，有时屋子里太黑；是因为没有阳光照进来，有了光和热，黑暗就会自动消失，婚姻小屋就会变成温暖舒适的爱的港湾。爱情货币就是那一道道能驱走黑暗的阳光。

积极愿景：幸福的婚姻、幸福的家庭、幸福的中国

林语堂先生曾经说过这么一段话："幸福人生，无非四件事：一是睡在自家床上；二是吃父母做的菜；三是听爱人讲情话；四是跟孩子做游戏。"

从关系的角度来剖析，这幸福的四件事分别对应着四大类关系："睡在自家床上"是指一个人与自我的关系，"吃父母做的菜"说的是与父母的关系，"听爱人讲情话"则是亲密关系，最后"跟孩子做游戏"就是亲子关系了。

如果能把这四大关系都打造成高质量的关系的话，你就能够拥有幸福的人生，而这正是积极心理学要做的事情：用科学的理

论和方法帮助每个人经营好这四大核心关系，收获幸福蓬勃的、有意义的人生。

下面，我想请你思考一个问题：**如果一个人的婚姻十分幸福美满，将会发生什么呢？或者说会带来怎样的积极影响呢？**

也许你和我想的一样，一个拥有幸福婚姻的人，通常能够获得更好的成长与发展，也就是和内在自我的关系会越来越好，个体幸福感会越来越高。不仅如此，在婚姻美满的家庭里，亲子关系也会非常和谐温暖。因为在家庭系统里，夫妻关系是整个家庭良好运转的基石。浙江大学的陈海贤博士曾说："要变成好父母，先要变成好夫妻。婚姻幸福的两口子就是一对好夫妻，他们能够成为好父母，进而培养出阳光健康、积极幸福的孩子。"

幸福的婚姻加上和谐美好的亲子关系，就构成了一个温暖有爱的幸福家庭，而一个个幸福家庭就能够构建出幸福的社会，因为家庭是社会最基本的组成单元。千千万万个家庭幸福了，整体国民幸福指数就上去了。这是中国积极心理学的宏大愿景和使命。

因此，本书的第一层目标是帮助大家掌握积极心理学的方法，经营出甜蜜幸福的亲密关系；第二层目标则是通过幸福美满的婚姻打造温暖幸福的亲子家庭；第三层目标也是终极目标，即由一个个幸福的家庭构建出幸福的社会和幸福的中国。

目录
——
♡

爱的"节流"篇
理解差异，避开关系里的"雷"与"坑"

第 1 章
"六大毒素"：亲密之路上你要避开的那些"雷"与"坑"

第 2 章

男女大不同：读懂性别差异，让沟通不再困难

第 3 章

积极沟通：如何带着爱与理解有效沟通，解决问题

爱的"开源"篇

充盈爱情账户，让幸福在彼此间流动

第 4 章

表达喜爱、欣赏与感激：让关系重新燃起激情花火

第 5 章

尊重与接纳：打造和谐亲密关系的稳固基石

爱的「节流」篇

理解差异，避开关系里的『雷』与『坑』

第 1 章

"六大毒素"：亲密之路上
你要避开的那些"雷"与"坑"

明轩阳光开朗，忠厚老实。雨桐活泼可爱，爱好交际。他们在大学谈了两年恋爱，毕业后一起去大城市打拼了一年，已对彼此有了很深的了解，于是决定领证结婚，留在大城市继续生活。

今年是他们结婚的第五个年头。明轩已是大公司的资深程序员，雨桐在一家公司做HR。他们省吃俭用，终于买了一套五六十平方米的房子，但只付了首付，需要月付房贷，10年还清。

稳定下来后，婚姻里累积好几年的问题开始慢慢浮出了水面。明轩和雨桐婚前是无话不谈，非常融洽的，现在却聊不上几句，就能吵起来，"分手""离婚""不过了"常挂在两

> 个人的嘴边。

为什么一开始很幸福的婚姻，会慢慢走向破裂？亲密关系里，我们体验着甜蜜与幸福，但也忍受着彼此间的分歧、矛盾和各式各样的问题。

幸福的婚姻总是相似的，不幸的婚姻各有各的不幸。虽说各有各的不幸，但这些糟糕失败的婚姻之所以一步步走向破裂，其中还是有很多相似的地方，那就是在没有提前准备和学习，毫无经验的情况下，面对关系里那些消极负面的部分，他们踩着同样的"雷"，掉进类似的"坑"。

约翰·戈特曼教授在美国西雅图有一所"爱情实验室"，研究人员对几千对伴侣进行了长达数十年的追踪研究，研究婚恋关系的各个阶段。戈特曼教授对其中失败的婚姻进行了细致的研究，也发现他们都掉进了非常相似的深坑，因而摔得遍体鳞伤。

本章将介绍六类常见的"雷区"与"深坑"，我将它们称为伤害亲密关系的"毒素"，因为它们确实"有毒"。有些毒性不强，有些却非常致命。所有失败破碎的婚姻都是中了毒的，这些不同种类的毒素才是毒害婚姻的罪魁祸首。

接下来我们一一介绍这六大毒素。你也可以审视一下自己的亲密关系，看看关系里出现过哪几类毒素，哪一类会经常出现。

批评指责：亲密关系慢慢变质的第一步

很多小伤小痛看起来不起眼，但是日积月累下来，就会给关系造成巨大的创伤。我们不能温水煮青蛙式地无知无觉，我们要保持一颗警觉之心，一旦发现有微小的火苗，就要赶紧将其掐掉，避免小火苗发展成大火灾。

抱怨与指责看似一样，实则大不同

雨桐："你就不能早点下班回来吗？又加班！天天加班！"

明轩："我也想啊，快下班了领导要开会，有新项目着急做，我有啥办法？"

雨桐："你的领导重要，工作重要，啥都比我重要，你拿着枕头去单位睡吧，跟他们过去吧！"

明轩："我真无语！我上了一天班儿，我不累吗？不上班天天在家陪你，每月房贷怎么还？你总是这么任性！"

已经深夜 12 点多了，雨桐和明轩坐在床上，还在沟通明轩加班回来太晚的事情。明轩作为一名程序员，正常下班时间是晚上 8 点，但经常会有加班的情况，有时候有急活凌晨才能到家。

而雨桐则是下午 6 点就下班了，晚上经常是一个人在家。

一两次还能忍受，时间久了，雨桐就有点受不了，抱怨和不满就积压在心。有抱怨和不满是很正常的，需要好好沟通，表达出来。但如果表达的方式不好，心中的怒气就会把抱怨、期望变成指责批评，正常的沟通会演变成一场争吵。

我们来看看抱怨和指责批评有什么不同。

雨桐首先开口："你就不能早点下班回来吗？又加班！天天加班！"这一句是抱怨，陈述事实——明轩经常加班，只是用"天天"一词有点夸大了加班的频率，但也还好。

明轩回应："我也想啊，快下班了领导要开会，有新项目要加急做，我有啥办法？"这句是解释原因——自己为什么加班。这两句属于正常的交流。

雨桐又接着说："你领导重要，工作重要，啥都比我重要，你拿着枕头去单位睡吧，跟他们过去吧！"也许是因为觉得明轩的解释是狡辩，雨桐的怒气就上来了。上面这句话就是批评和指责，指责丈夫不重视自己，只顾工作，还说了"拿着枕头去单位睡"这样的气话。

这就把明轩的怒火也勾了起来，于是明轩反过来指责雨桐任性，不理解自己上班的苦累与无奈。工作一整天，晚上回到家，明轩的精力和自控力已消耗殆尽，很容易控制不住自己，在受到指责时反击回去。

上面的对话里，雨桐在满腔怒火的状态下说了很伤人的话，这些话就是批评指责。被说的明轩不退不让，也反过来指责雨桐蛮横不讲理。这样剑拔弩张地你一言我一语，只会让争吵越发激烈，导致两个人都陷入消极情绪的旋涡里无法自拔。

批评指责的话语是很伤人的，但是抱怨就好很多。抱怨和批评的区别就在于：抱怨针对的是具体的某个行为，批评指责则是针对整个人，抨击人格，全盘否定这个人。抱怨如何变成了指责？只需要在后面加上一句："你是不是有病啊？"

适当表达抱怨，把批评指责藏起来

我们再来看个对比的例子。

"你说过要把昨天的垃圾丢掉的，但是你却没有，都臭了，闻见没？"（抱怨）

"昨天的垃圾你又没倒掉，你个懒货。都臭了啊，你想熏死我吗？"（指责）

当另一半做了让人不满意的事情时，我们会有情绪，这很正常。但是如何表达自己的感受和情绪，不同的方式会带来不同的效果。我们可以抱怨，因为心里的情绪需要表达出来，一方面让对方知道我们的感受和态度，另一方面也有利于问题的沟通和解决。

但如果一有情绪就用批评指责的方式表达，这样做不仅会破坏关系，也不利于双方心平气和地沟通和解决问题。不管是小孩子还是成年人，听到批评指责的话语时，第一时间不是反思自己哪里做错了，而是会生气愤怒，进而选择反击或逃避，否认自己的问题和错误。

这就是 1 号毒素：批评指责，最先出现在开始变质的婚姻里，而且会一直存在，范围很广。批评指责若是经常出现，就会慢慢腐蚀两个人的感情，这种速度有时候比较慢，慢到两个人都觉察不到。

批评指责的毒性在于它会动摇爱情大厦的地基之一：欣赏。伴侣们最初是因为彼此欣赏走到一起的，但现在却不断地否定、打击彼此的人格品质，欣赏就会渐渐被批评指责取代。所以，要特别小心日常互动中的这类批评指责，毒性随着时间会越积越多，大家意识到的时候，再补救就要花费很大的力气了。

有人问幸福的婚姻就没有批评指责吗？当然有。任何一桩婚姻，包括幸福的婚姻，都会存在批评指责，只不过在幸福的婚姻里，批评指责出现的频率低，对关系的影响也不大。但是如果这类毒素充斥着两个人的生活，那就麻烦了，因为它会很快引发出毒性更强的2号毒素，它能把爱情之车推向覆灭的高速路，背离幸福，驶向痛苦的深渊。

嘲讽鄙视：昨日赞美为何会变成今日的人身攻击

嘲讽鄙视是批评指责的近亲，对爱情和关系的毒害作用更深，如果任其发展，毒素就会渗进皮肤直至入骨三分，会让原本彼此爱慕欣赏的亲密爱人，变成拳击擂台上的对手。

嘲讽鄙视的话语，会将爱人越推越远

雨桐："你妈说什么都对，你根本没有一点儿自己的主见。"

明轩："咱们结婚好几年了，我妈让咱要个孩子有什么错？咱们都快30岁了，也该要个孩子了。你就是觉得有了孩子，你没法出去玩了是吧？"

雨桐："快30岁怎么了，三十好几才生孩子的人多了去

了。是你妈要抱孙子，要生你自己生。"

明轩："你怎么这么自私，从来不考虑别人。跟你妈一个样儿。"

雨桐："你是不是有病啊？说我妈干啥！"

明轩："懒得理你……"

雨桐的婆婆只有明轩这么一个孩子，退休在家闲着没事，一直盼望抱孙子。两个人婚后，就一直被催着生孩子。生不生孩子，什么时候生孩子，两个人沟通过多次，一开始还能好好说话，但是随着婆婆给的压力越来越大，为此沟通的结果经常是不欢而散。

从上面的对话中，我们可以看到批评指责的"毒"影，也能感受到两个人之间相互的攻击、鄙视甚至谩骂。这就是批评指责的副作用，平时不在意任其发展，批评指责的程度就会越来越深，逐渐变身成了嘲讽鄙视。

2号毒素就此登场，嘲讽鄙视有多种形式，常见的有谩骂、讥笑、挖苦、冷嘲热讽、翻白眼、不友善的玩笑，等等，其毒害作用之大在于它表达了厌恶之情以及那种居高临下的鄙视之情。

厌恶是人类的基本情绪之一，抱怨里面也有厌恶的成分，但是抱怨是对事不对人。嘲讽鄙视则不同，是将人和事一块抨击了，尤其是鄙视对方的人格，讨厌甚至贬低对方的人品，还给其贴上难听的负面标签。这种做法会让另一半产生这样的感受：我就做错了一件事情，我就不是个好伴侣了，一辈子也抬不起头了。

1号毒素批评指责动摇爱情大厦的欣赏地基，嘲讽鄙视的威力更大，不仅像剧烈地震一样进一步动摇欣赏的地基，而且还会破坏爱情大厦的信任地基。当一个人被人身攻击时，他就成了一个不值得信任的人。事情做错了还可以改，人格被贴上了负面标签就很难撕掉了。

"难以在夜晚，去亲吻整天对我漫骂的嘴唇。"

想一想，如果你被一个人嘲讽鄙视，你会有什么反应？首先肯定是不高兴，然后会愤怒想要反击，而且本能地想要远离对方，因为自己受到了攻击和伤害。有这么一句歌词："难以在夜晚，去亲吻整天对我谩骂的嘴唇。"

==每一次批评指责，每一句嘲讽鄙视，都是在一口一口啃噬掉两个人之间的亲密感。==一个整天批评我、看不起我的人，让我去亲近他，这怎么可能呢？人和其他动物是一样的，趋利避害是本能。==喜爱的时候，不自主地想接近、亲近；厌恶的时候，本能地就想拒绝、远离。==

很多结婚多年的夫妻经常这么抱怨："我们家那位对我是越来越没有兴趣了。"如果出现这种情况，我们是时候反思一下自己了，是不是平时的言行里暗含着批评指责、嘲讽鄙视这些让人生厌的成分。如果是的话，那就赶紧把这两类毒素剔除出去，否则两个人的关系只会越来越疏远，违反本能、考验人性的事情尽量少说少干。

指责式表达 VS 温和式表达

当一方犯了错或做的事让另一半不满意了，如果一方一开口就是批评指责或嘲讽鄙视，那么这场对话基本上会以失败而告终。我们把这样的表达方式，称之为指责式表达。如果想要另一半倾听且配合，一起面对和解决矛盾，就需要使用温和式表达。下面先来看两个例子。

> 雨桐去做饭，发现池子里有一堆没洗的锅碗瓢盆，就冲着沙发上看电视的明轩喊："你又不刷碗，真懒，你答应做的家务，从来都没有按时完成过。"
>
> 明轩在收拾屋子，看到家里到处都是雨桐乱丢的化妆品，就冲着躺在床上玩手机的雨桐吼："你的化妆品总是乱扔。你自己又不收拾，就知道逛淘宝、刷抖音……"

如果你的爱人对你这么说话，你是什么感受，又会如何回应呢？

在上面的例子里，雨桐和明轩的表达方式就是指责式表达，这种方式有个很明显的特点，就是会出现一些典型词语：一直、总是、从来、又、根本、懒、笨、有病……这些词语看似不起眼，但说出来个个都"扎心"。

当我们对另一半感到不满时，需要表达出来。但如果一上来就批评指责，另一半不仅会生气，还可能会反击。好的开始等于成功了一半，这话放在沟通上也非常适用。戈特曼教授说：**沟通以什么方式开始，就会以什么方式结束。**

同样是上面的场景，我们换一种表达方式。

> 明轩没刷碗，雨桐可以这样说："老公，你没刷碗，我都没法做饭了，好烦啊。下一次你能不能按时把碗刷了。"
>
> 面对乱丢化妆品的雨桐，明轩可以这样说："亲爱的，我在收拾屋子，好多地方都有你的化妆品，收拾起来好麻烦啊！我希望以后你能用完就放回原处，我不知道这些化妆品都搁哪儿比较好，你来帮我一起收拾，好吗？"

如果你是"犯错"的一方，听到爱人这么表达，是不是更容易接受，更愿意改变呢？

这种表达方式就是温和式表达。这种表达方式并不会掩盖事实，而是不带批评的陈述事实，比如："你没有洗碗。""你今天没有按时回家吃饭，也没有提前跟我说。"

在温和式表达里，没有批评指责，但可以有抱怨。抱怨是针对另一半做得不好的地方，表达自己的感受。比如："好烦啊！""好麻烦啊！"类似的抱怨还有："我有点不高兴了。""我有点失望。"

在温和式表达里，我们还可以提出自己的期望。比如，希望另一半下次能做得更好，期望另一半能帮个忙，等等，"下一次你能不能及时把碗刷了。""我希望以后你能用完就放回原处，帮我一起收拾。"

总结一下，温和式表达包含三大要素：**不带批评的陈述事实 + 自己的感受 + 自己的期望**。我们把上面两个例子拆解剖析一下。

"老公，你没刷碗，我都没法做饭了（陈述事实），好烦啊（表达感受）。下一次你能不能及时把碗刷了（提出期望）。"

"亲爱的，好多地方都有你的化妆品（陈述事实），收拾起来好麻烦啊（表达感受）。我希望以后你能用完就放回原处，我不知道这些化妆品都搁哪儿比较好，你来帮我一起收拾，好吗（提出期望）？"

用好这三招，轻松掌握温和式表达

怎样才能避免开口就是批评指责或嘲讽鄙视，做到温和式表达呢？有以下三条指导原则。

一是避免使用批评词语。说话时，尽量避免使用这些词：一直、总是、从来、就是、又、根本、懒、笨、有病……金无足赤，人无完人。培养温和表达的习惯也需要时间，如果不小心说了这些词，当你意识到的时候，就主动说一声："我不该那么说""我说错了，对不起""抱歉，我这个词用得不对"，这么做另一半会很开心。

二是尽量用"我"字开头表达。研究发现，用"我"开头更容易表达自己的感受和期望，而用"你"开头的句子，更容易引出批评、指责、嘲讽和挖苦。我们看两句话对比一下。

> **我**有点不高兴了，**我**希望你下次能做好。（温和式）
> **你**总是记不住我说的话，**你**根本就没把这事儿放在心上。（指责式）

当然，不是说用"我"开头就一定是温和式表达，还要看后面跟的具体内容以及表达时的语气语调，比如，这句"我觉得你就是有病"就是指责和鄙视。

三是使用温和式表达三要素。上面我们总结了温和式表达的三要素：不带批评的陈述事实、自己的感受、自己的期望。说话之前，我们可以先想想自己要说的话是否符合这三点。当然不一定每次表达都必须包含这三点，含有其中一点或任何组合都是可以的。比如，陈述事实＋提出期望："你今天没倒垃圾，我希望你下次能按时倒了。"

温和式和指责式最大的区别在于：温和式表达因为满含着

爱与理解，所以非常温和，会不带批评地描述事实，会温柔地表达感受和期望。对方也不会因为受到批评而防卫和反击，沟通就会顺利进行。指责式则是把矛头指向某一方的错误、毛病和缺点上，不断地抨击和否定。指责式表达如果经常出现，它就会变成一头不受控制的大象，横冲直撞地闯进家里，把关系搞得遍体鳞伤。

自我辩护：也许能赢了争吵，却必定输掉感情

请思考一个问题：受到攻击的时候，你会怎么办？有人会说肯定要打回去啊，还有人会说我害怕想赶紧跑。那如果"攻击"你的人是你亲爱的另一半呢？当他各种指责你，说你这也做得不好，那也做得不对时，你会怎么办呢？

不同的人会有不同的反应，总体来说可以分为两大类：怼回去和逃跑，分别对应着 3 号毒素和 4 号毒素。"怼回去"就是反击，是 3 号毒素，也叫作自我辩护。"逃跑"则是 4 号毒素，也被称为冷战逃离。下面先看看 3 号毒素，我们仍是从两组对话入手。

第一组对话：

> 雨桐："说好我刷碗、你擦桌子的，你怎么那么懒啊！"（指责）
>
> 明轩："我本来要擦的，没找到擦桌子布。你扔哪儿去了？我找半天没找着。"（辩护）

第二组对话：

> 明轩："你跟朋友出去'嗨'够没，这么晚了怎么还不回来啊？打了十几个电话都不接，玩儿疯了吧！"（指责）
>
> 雨桐："我手机放包里没听见好不好。什么？我回来晚？你加班的时候回来得比我还晚，我都没说你。"（辩护，反击）

先来剖析第一组对话：明轩答应擦桌子但是没擦，雨桐骂明轩懒，从"你怎么那么懒"这句话中我们可以看出来雨桐在指责明轩。听到被骂"懒"的明轩，开始以没找到擦桌子布的理由为自己辩解，还责怪雨桐乱扔。

再看第二组对话：雨桐晚上跟朋友出去玩，时间挺晚了还没回家，明轩给她打了很多电话，因为雨桐之前一直没接电话，明轩就说雨桐"玩疯了吧"。听到明轩这么说，雨桐立马开始防卫反击，声称自己没听到，还反过来翻旧账说明轩以前加班回家更晚。

可以看到，自我辩护经常出现在一方被批评指责的时候，乍看之下是在解释原因，其实是一种想撇清责任的手段，要么把没做好的原因归结于外部因素，要么是把责任推到对方的头上。比如，明轩没擦桌子辩解说没找到擦桌子布，雨桐有十几个电话没接到解释为手机放包里没听见，这些都是把责任归咎于外部原因。而没找到擦桌子布的明轩又进一步责怪雨桐乱扔，则是想把责任推到对方身上。

从这个角度来看，自我辩护不仅是一种隐性攻击，还是一种心理防御机制，把责任甩给对方，自己心里就好受些。自我辩护的攻击性还体现在"翻旧账"上，反过来戳对方的痛处。比如，在第二组对话里，雨桐很晚没回家，就拿明轩之前加班回家更晚来反击，目的则是让明轩闭嘴。

利用自我辩护可以把自己的责任撇干净，甚至把责任推给另一半，让对方闭嘴，让自己心里好受些，但这样做不仅不能解决问题，反而会火上浇油。新一轮的批评、指责、鄙视就又开始了。几个回合下来，新账没理清楚，旧账都被翻扯了出来。不管是相互指责与辩护，还是以一方最有理赢了争吵，到最后都是伤了感情，输了关系。

每个人都多多少少为自己辩护过，偶尔这样做没什么，但经常这么做就会像慢性毒素一样损害关系。那怎么才能避开自我辩护这号毒素呢？可以从两个方面着手改善。一方面，发起谈话的一方要用前面介绍的温和式表达，这种表达方式不会让听的一方产生反感和防御，更有利于沟通的顺利进行。

另一方面，有责任的一方要勇敢地承担责任，做错了就是做错了，敢于担责才能和对方一起正视问题，争取改进，下一次做得更好。如果确实有客观原因，也可以在沟通中如实清楚地表达出来，而不是给自己找各种借口，更不要利用翻旧账的"小阴谋"，妄图用对方的老问题掩盖自己的新问题。

冷战逃离：让彼此越来越疏远的无效解决法

亲密关系里的两个人一旦中了前面三种毒素（指责、鄙视、辩护）后，就没法好好说话了，因为受到了"攻击"，会情绪上头，一开口就是指责，言语中夹杂着批评和鄙视，进而导致对方的辩护，这又会引发更多的指责、鄙视和辩护，这种沟通很难跳出"互相攻击与防御反击"的恶性循环。

这样消耗彼此的来回拉扯，就像是擂台上的两个拳击手，每一次出拳都是对两个人的伤害，每一个动作都消耗着彼此的心理能量，最终会有一方选择"逃跑"，或者双方纷纷离场，因为心太累了。心态就变成了："惹不起我还躲不起吗？"

这一躲确实暂时避免了争吵，但4号毒素就会悄然来临，它就是冷战逃离。逃得了一时，逃不了一世，像鸵鸟一样遇到危险把头埋进沙子里，眼不见心不烦。但看不见并不代表危险就没有了。两个人是分开不吵了，但是问题还是没有解决。

如果长期使用鸵鸟模式逃避沟通的话，问题矛盾不会随着时间慢慢消失，反而会越积越多，总会有一根压死骆驼的稻草，不知道什么时候从天而降，那时一件很小的事情就能点爆长期积压的矛盾和情绪火药桶，导致更激烈的争吵，甚至会闹到分手或离婚的地步。所以，一味地逃和躲是行不通的。遇事就逃，长此以往则会变成冷战的应对模式。冷战也是"战"，只不过是一场没有硝烟的战争罢了。

男人逃跑女人追

来做一道选择题：亲密关系里，是男性更容易逃避冷战，还是女性更容易逃避冷战呢？

我想大多数人都会猜答案是"男性"，恭喜你答对了。研究也表明 85% 的逃离者都是男性。至于为什么是大多数男性选择逃离冷战，我们在第 3 章会做详细说明，简单来说就是，男性更倾向于选择三十六计，走为上策。

大量的研究都显示出一个很有意思的现象：女人经常是先发起谈话的一方，而男人经常是先退出谈话的一方。如果男人不想聊了，但是女人还一直追着喋喋不休，此时男人就会选择沉默不语：你说你的，我不说话，我不跟你吵。女人口干舌燥地说了一通，发现男人毫无反应，通常会更加生气，就想通过说更多来唤醒正在沉睡的男人，但这些往往是徒劳无功的。

女人想通过沟通解决问题，男人则想通过冷战来冷冻问题。明轩和雨桐也经常吵得不可开交，后来明轩说的话越来越少，还会有意无意地选择多加班，或是谎称加班，其实是跟同事或朋友吃饭、打球去了，很晚才回家。我也在大街上和小区里见过不少男士，他们下班之后不愿意回家，把车停在一个地方，自己一个人抽抽烟、看看视频、玩玩游戏，就是不想回家。

《如何正确吵架》是一本研究两性关系里如何吵架的书，书里说："进行激烈争吵的伴侣并不是对关系破坏力最强的类型，最危险的模式是一方积极参与，想要解决问题；另一方却想逃避。逃避的做法，只会让关系越来越差。"冷战逃离最大的毒性可以用三个字概括：不在乎。你说你的，我不跟你吵，不是吵不过你，而是懒得跟你吵。这种不在乎的态度只会让对方更为恼火。爱情里，尤其是女性，最在乎的就是"你还爱不爱我，还在不在乎我"。

爱的对立面不是恨，而是冷漠。

　　爱尔兰有一句谚语：争吵总比孤单好。争吵说明两个人还有交流、有互动，还想解决问题，逃离冷战则表达了我不在乎，我不想跟你说话，这会让想解决问题的一方感到非常无力和孤单，体会不到一丝丝爱意。爱的对立面是什么？是不爱吗？不是。是恨吗？也不是。爱的对立面是冷漠。逃避冷战就是在表达冷漠。也许冷战的一方是不想激化矛盾，但这种不在乎的冷漠态度会摧毁爱的依恋地基，爱情大厦随时都可能会轰然崩塌。

拒绝修复：想恢复关系，一定要有人低头认错吗

危害关系的六大毒素，我们已经介绍了前四种：批评指责、嘲讽鄙视、自我辩护和冷战逃离，每一种毒素都有自己的特点和毒性。华盛顿大学的约翰·戈特曼教授把这四大毒素称之为"末日四骑士"。

"末日四骑士"源于宗教预言，是说在世界终结之时，骑着白、红、黑、灰四匹马的骑士，会将瘟疫、战争、饥荒和死亡带给最终接受审判的人类。亲密关系里如果经常出现这四大毒素，就会像招来了"末日四骑士"一样，让彼此间充斥着无穷无尽的指责、鄙视、怨恨、愤怒、冷漠和无休止的争吵与痛苦。最后谁也赢不了，而且会输掉两个人的爱情与婚姻。好日子就要到头了，末日即将来临。

一段亲密关系如果经常遭受"末日四骑士"的轮番轰炸，两个人的感情就会像是一家瓷器店，经常遭受失控象群的"拜访"，

爱情会被撞得支离破碎，深陷其中的两个人也会遍体鳞伤。伤害还不仅仅是这么简单，由此还会衍生出另外两种毒素，一种是第5号毒素——拒绝修复，另一种是6号毒素——恶意解读。我们先来看拒绝修复。

拒绝修复，只会让伤口越来越多

如果你的电脑或是车子出了问题，你会怎么办？你会说那好办，到维修店里修一下就好了。

再问一个问题：你和另一半的感情出了问题，你又会怎么办？这个问题就不像修电脑那么简单了。感情出了问题，没法送到感情维修站去一键修复，只能靠两个人相互配合修复关系，解铃还须系铃人。

有人会说，既然感情那么不好修复，就尽量保证感情不出问题不就行了。这个想法很好，人们在现实中却恐怕做不到。如果想避免关系中一切不愉快的争论、分歧、冲突、矛盾，几乎不可能有人能做到。就像控制不了天气是晴天还是阴天。天气不只有阳光明媚、风和日丽，还会有雷电大雨、冰雹暴雪，甚至还会有飓风山洪，地震海啸。亲密关系里也是一样的。

所以关键点不是不让关系出问题，而是出了问题后如何去修复。就好比没有任何一个人能保证自己一辈子不感冒，感冒不可怕，因为我们有免疫系统，可以帮助我们修复身体，抵抗病菌，恢复健康。亲密关系里的免疫系统叫作情感修复。

情感修复是指两个人在批评、鄙视、辩护和冷战引发的消极情绪泥潭中动弹不得时，一方或双方用仅剩的一丝理性和爱意发起的修复尝试，以及时止损，避免更大的争吵和伤害，还能缓和关系，赶走紧张和对立，使两个人能恢复冷静，同时能给"伤口"抹点儿疗伤之药。

前四大毒素既会出现在不幸福的糟糕婚姻里，也会出现在非常幸福美满的婚姻里，那么婚姻状态为何如此不同呢？主要在于下面两点。

第一点：**频率**。幸福的婚姻关系里，各种毒素只是偶尔光临，但在糟糕的婚姻关系里则是经常性光顾。

第二点：**修复**。四大毒素来临时，幸福的夫妻们知道如何修复，并能够及时修复。关系糟糕的夫妻要么不懂得主动修复，要么就是拒绝修复。

那些经常被毒素"蹂躏"的夫妻们，他们的关系就会变得越来越差，关系越差就越会招致更多更大的破坏，由此恶性循环就开始了。等到关系糟糕到一定程度时，双方就不愿意再主动进行情感修复了，或者一方修复，另一方拒绝，这就是 5 号毒素的由来，它往往出现在关系恶化到一定程度的后期。

拒绝修复的危害在于：完全的漠视和不在乎。拒绝修复有两种形式，一种是自己不主动提出情感修复，可能是因为好面子，也可能是因为已经对这段关系失去了信心和希望；第二种是一方主动做出了修复的言行，另一方拒绝接受修复请求。想一想，别人给你个台阶，你不但不顺着下来，还把台阶砸得稀碎，这种拒绝超级伤人。

修复的一方表达情感修复，是想缓和关系，暂停、止损，也给对方一个台阶下。或是通过表达爱意，来激发出一点积极情绪来缓解紧张的气氛。但这样的好意被冷冷地拒绝，主动修复的一方会非常难受。久而久之，本来愿意主动进行情感修复的一方，也因为受到冷漠的回应和打击，渐渐地不会再主动了。我们来看个例子。

> 明轩："我想我们都该冷静一下，好好想想，之后再聊。"
>
> 雨桐："你以为冷静一会儿，事情就都轻松解决了吗？你真是过于天真了。"

我们可以看到，明轩的修复尝试被雨桐几句话"怼"了回去，热脸贴了冷屁股的明轩以后就不愿意主动修复关系了。《如何正确吵架》一书中有句话说得特别好：争吵或感情出现裂痕没什么大不了，不去修复才要命。

有了情感修复救生圈，就不怕爱情溺水而亡

关系出现小裂缝、小伤口不要紧，及时主动地提出修复和接受修复才是关键。情感修复能给关系恶化及时刹车。关系会不会溺亡关键在于情感修复的效果。修复的效果决定着亲密关系的存亡。那要如何进行情感修复呢？

这里的情感修复不只是找出犯错的一方让其低头认错，认错道歉只是修复方法中的一种。常用的修复方法有：微笑示好、亲密肢体接触（拉手、拥抱等）、道歉、表达关心与理解、赞美等，甚至是一句"亲爱的，我不想跟你吵，咱们需要冷静一下"也是情感修复。不同的伴侣都有自己独特的修复技巧。比如，明轩经常用傻笑、道歉等来进行修复，雨桐则常用卖萌撒娇、拥抱亲吻来缓和气氛。

在《大内密探零零发》这部电影里，周星驰和刘嘉玲扮演一对恩爱夫妻。周星驰扮演的角色叫零零发，有一天因在职场受气

（在朝廷得不到重用还受欺负），一肚子苦水和牢骚，两个人就在家里吵了起来。情绪上头的零零发脱口而出一句伤人的话："有本事你走啊！"

妻子没有真走，而是温柔地说："老公，你饿不饿，我煮碗面给你吃啊！你最喜欢吃我煮的面了。"听到这句暖心的话，零零发意识到自己太激动了，便表达了歉意，两个人拥抱和解了。这里使用的情感修复就是表达对另一半的理解和关心——主动提出煮面给对方吃。

关于情感修复，《幸福的婚姻》这本书里这么说："情感修复是亲密关系的救生衣，你们可以偶尔掉进河里，但是有救生衣就不会让关系溺水而亡。但如果任何一方对救生衣视而不见，那么两个人只会一起挣扎着沉入河底。"

可悲的是，有时候我们根本看不到救生衣——对方做出的情感修复努力。因为当两个人都在消极情绪的洪流中苦苦挣扎时，水声之大盖过了情感修复的声音。一方提出修复呼声，另一方可能根本听不到。更可怕的是，有些伴侣就算听到了，也会拒绝接受修复，甚至倒打一耙。

家庭治疗大师萨尔瓦多·米纽庆（Salvador Minuchin）曾说："一个有修复能力的家庭，就是一个足够好的家庭。"我想说，一

段有修复能力的关系，就是一段足够好的关系。在意识到了拒绝修复的破坏性后，我们就可以在关系出现小裂痕时，主动地进行情感修复，积极接受另一半的修复请求。只有这样，那些小伤口才不会在毒素的攻击下演变成无法愈合的大创伤。

恶意解读：亲密爱人终究还是变成了狠心"敌人"

> 雨桐："今儿什么日子啊，给我买玫瑰花干什么？别以为几朵花就能让我妥协，没门儿。"
>
> 明轩："哎哟，今天做这么多好吃的有啥企图啊？别以为哄好了我的胃，我就会轻易原谅你。"

从上面这两句话里你能感受到什么？没错，就是满满的不信任和猜疑。正常来说，当另一半给我们买玫瑰花或是做了一桌子美味佳肴的时候，我们应该感到开心、幸福以及感激，可是雨桐和明轩的反应却恰恰相反。

恶意解读，也是最后一种毒素。送玫瑰花被解读成让自己妥协，也许这其实是一次爱的情感修复。做好吃的也被看作另有企图，或许这只是一次普通的爱的表达。

前面五种毒素（批评指责、嘲讽鄙视、自我辩护、冷战逃离、拒绝修复）带来的最大恶果就是彼此不信任。你会相信一个经常批评指责你、贬低嘲讽你、带着一脸敌意吼你的人吗？关系已经恶化到不能实事求是的地步时，关系中的人对彼此的整体印象和评价可能都是负面消极的，对彼此中性甚至是积极的言行，也会进行负面甚至扭曲的恶意解读。

为什么会这样呢？因为关系里充斥着大量的消极情绪和化解不开的心结，不可避免地引发各种各样的负面看法，彼此的信任已然消失殆尽。信任没有了，猜疑和恶意就会悄悄爬进门。在行将结束的关系里，两个人对现状是失望的，对未来是绝望的，甚至对过去的事情也是不愿回首的。

更有甚者会改写过去的爱情故事，把曾经那些美好的、一般的经历扭曲成痛苦的、不堪回首的经历。因为只有这样，才符合自己当下对另一半和关系的整体印象和态度。"我从来没有开心过！""我当初找了你真是瞎了眼！""你竟然是这种人！""跟你在一起，没一天好日子过！"这样消极伤人的表达我们经常听到。

要如何应对这最后一种毒素呢？

首先，要好好说话，温和表达，减少"末日四骑士"出现的频率，以及进行主动及时的情感修复；

其次，保持客观的视角，就事论事，不要在还没了解清楚情况时就断然下结论；

最后，多采用积极视角解读，凡事多往好处想。

香港作家亦舒曾说过这么一句话："人们日常所犯的最大的错误，是对陌生人太客气，而对亲密的人太苛刻，把这个坏习惯改过来，天下太平。"在我看来，能好好说话，好好听对方说话，是每个人都需要修炼的沟通基本功。只有这样才能保持客观的视角去交流和沟通。

"当坏事来袭时，你对配偶和婚姻固有的正面看法是一个功能强大的缓冲器，它能保护你们的婚姻不受太大的伤害，由于保留了美好的感觉，所以每次争论时，两个人都不太可能产生分居或是离婚之类的偏激念头。"《幸福的婚姻》里的这段话，阐述了积极视角给亲密关系带来的益处：拥有积极视角，就不会让矛盾变成伤害，还能让两个人的关系更加紧密，共同面对婚姻内外的大小风暴。

* * *

腐蚀毒害爱情的六大毒素介绍完了，每一种毒素都有它的特点和特有的毒性，这些毒素会出现在亲密关系的不同阶段，每一种毒素的破坏性都不容小觑。

如何找到解药来应对这些毒素呢？本章针对不同的毒素给出了一些方法和建议。其实，这本书就是一个情感治疗包，它不仅能化解这些毒素带来的伤害，还能让亲密关系更甜蜜、更温暖幸福。核心心法就是在前言中介绍的"爱的开源与节流"。

这一章是节流篇的第 1 章，只有看清楚哪些毒素在腐蚀危害我们的感情，才能够主动有效地避开它们。这些毒素绝大多数是来源于关系里负面的问题、冲突和矛盾，那这些问题、冲突和矛盾又都是从哪里来的呢？答案是两性间的差异。在接下来的第 2 章，我会详细介绍男女两性间的差异和不同，了解了彼此的差异，很多问题就能迎刃而解了。

第 2 章

男女大不同：
读懂性别差异，让沟通不再困难

男人和女人在生活的各个方面都不一样。他们不仅在交流方式上不同，而且在思考、感受、感知、应答、反应、示爱、需要以及欣赏等方方面面也全不一样。他们似乎来自不同的行星，说着不同的语言，汲取不同的营养。

——约翰·格雷（John Gray），
《男人来自火星，女人来自金星》

《男人来自火星，女人来自金星》这本畅销书你可能没看过，但你一定听说过，因为它形象地描述了男女两性之间巨大的差异，就好像男人和女人分别是来自不同星球的不同物种一样。心理学界一直在探讨和研究两性间的差异，结论虽不像这本书的书名形容得那么夸张，但是差异的的确确存在，而且体现在很多方面。

最显而易见的是身体和生理上的差异。平均来看，男人的身体比女人的身体更高大，也更强壮。除了外形体貌的不同，深入到身体内部的器官组织、分泌的激素种类和数量也都有不同，这些不同究其本源是遗传基因层面的差异：装载基因的叫做染色体，男人的性染色体是 XY 型，而女人的性染色体是 XX 型。

男女两性间方方面面的差异除了受到先天遗传基因的作用，还会受到后天环境的影响和塑造，总体来看，差异是众多因素合力影响的结果。下面我们介绍四大类男女两性间的差异：大脑差异、特质差异、情感需求差异和原生家庭差异。只有了解了这些差异，我们才能更好地认识和理解异性伴侣那些看似"不可理喻"的言行举止，也才能带着接纳和爱意更好地互动与沟通。

大脑差异：为什么男人总是听不懂女人的话外音

"我老公简直就是一块木头疙瘩，跟他说话太费劲了，都不知道他脑子里在想些什么？"很多女士会经常这么吐槽自己的另一半。"唠唠叨叨说了一大通都不知道她想说啥，想要啥，有时候不做她生气，有时候做了她也生气，我真搞不懂她是怎么想的。"你看男士们也是一肚子苦水。怪不得心理学家弗洛伊德曾说过这么一段话："有一个史上最伟大的问题，却从来没有人能够给出答案。尽管我研究女性心理学已有 30 年了，但我依然无法回答这个问题：女人究竟要什么？"

女人搞不懂男人为什么那么理性、话那么少，而男人也一直弄不清楚女人说那么多到底想表达的是什么，更别提想弄懂女人想要什么了。这里的两性差异可以从大脑层面的不同来解释。我们的大脑由数以亿计的神经细胞组成，结构上都是由大脑、小脑和脑干三个部分构成的，分为左右两个脑半球，这些男女之间都一样，只不过从平均体积上来看，男人的大脑比女人的大 10%，重量上也多 100 克左右。这并不奇怪，男人的身体整体都比女人的大一号，比如，手和躯干也比女性大 10%。这些尺寸和重量上的差异很明显，但这并不是造成差异的关键。

导致两性沟通隔阂的关键是大脑某些部位的结构和功能存在差异。大脑是由左脑和右脑组成，左右脑在功能上是有分工的：左脑掌管着我们的逻辑、语言、数学、推理、分析等功能，也叫理性脑；右脑掌管着我们的图画、音乐、韵律、情感、想象等功能，也叫感性脑。左右脑虽然负责着不同的功能，但并不是你管你的、我管我的老死不相往来，它们相互打配合。左右脑之间就有一个"连接器"，学名叫作胼胝体，它是能够联通左右脑的脑组织，你可以把它看成是一根粗的神经电线。

男女两性大脑的不同，就体现在这根"电线"上。男性大脑里的这根"电线"很结实，就跟钢筋水泥一样坚固，大脑活化时是区块状的，也就是男人用脑时要么用左脑，要么用右脑。可以这么理解，虽然有"电线"连接着男性大脑的左右脑，但是这个连接器太硬太结实，左右脑相互沟通的速度慢、频率低，就导致男人在单独使用某一半脑区时，另一半脑区会因为连接器"不给力"而暂时参与不了。

而女性大脑的这根"电线"就不一样了，结构上很蓬松，上面还有很多海绵孔一样的结构，这使她们的左右脑可以快速高频地同步配合，互通有无。也就是说，女性在使用大脑时，不管是使用左脑还是右脑，另一半脑区都能够及时地参与助阵"出谋划策"，因此左右脑都处于发散状的活化状态。有研究表明，女性大脑里的这根神经"电线"所含有的神经细胞数量比男性的多40% 左右，可见大脑是用得越多越发达啊。

连接左右脑的"电线"胼胝体在结构和功能上的差异，导致了两性在沟通上的矛盾和冲突。遇到问题时，男性启动左侧理性脑思考、分析问题，他的右侧感性脑是静止不动的。但是女性在遇到问题时，不仅会启动理性脑，同时另一侧的感性脑也会参与进来，并把由问题引发而来的各种情绪感受也一并加入进来。对女性来说，保持理性和感性并存的平衡是不太容易的，一旦被掌管情绪的感性脑占了上风就麻烦了。当一个女人用感性脑和一个只启动了理性脑的男人沟通时，那将会上演一场驴唇不对马嘴的对话。我们来举一个生活中的例子。

（理性脑）明轩说："今天晚上要加班赶一个收尾项目总结，明天要汇报，不能陪你出去吃饭了。"

（理性脑）雨桐听到："老公今天晚上要加班赶一个收尾项目总结，明天要汇报，不能陪我出去吃饭了。"

（感性脑掺和进来后）雨桐还听到："老公已经不像以前那么在乎我了，说好的吃饭也不去了，他可能不爱我了，宁愿加班也不愿跟我待在一起……"

（情绪上头，感性脑压制了理性感，占了上风）雨桐没好气地说："行！没关系！"（反正你也不在乎我了，吃不吃饭无所谓了。）

（依然理性脑）明轩听到："没关系。"（成功解决一个问题，放下手机，开始加班干活。）

　　我们来剖析一下上面的对话。明轩突然面临一个需要解决的问题：要加班做项目总结，赶紧启动理性脑来分析和解决问题。在跟爱人雨桐的沟通中，明轩一直使用理性脑，感性脑处于沉睡休眠状态，所以听不到雨桐感性脑话里的情绪话外音，还以为沟通得很顺利。雨桐最开始听到明轩的话时，理性脑也是真的听到了，但是她的感性脑立马闻声赶来，因为约好一起吃晚饭的期待被明轩的突然加班给搅黄了，从而引发了生气不满的消极情绪，让感性脑占尽上风，然后就是各种内心戏和瞎猜乱想。

　　男女大脑的这些差异并没有好坏之分。只不过这些差异和不同，会造成不少的沟通隔阂和冲突。我们在了解了两性大脑的差异后，就能够去理解对方，进而做出一些调整，给予一些包容。

比如，男士在遇到压力和难题时会自然启动理性脑，其感性脑是关闭状态，这个时候女士如果用理性脑跟男士沟通就会更顺畅，而不是强迫男士非得开启感性脑，不是他不想，而是他暂时做不到。

女士遇到压力和问题时，虽然左右脑都处于激活状态，但有时候会因为情绪上头而让感性脑占了上风，也就是会更在意自己的感受、情绪和状态有没有被另一半看见、理解和关心。此时，高情商的男士，就不会去显摆自己发达的理性脑所给出的解决方案，而是会主动开启感性脑，给予女士倾听、理解、共情和关心，这样做她会非常开心，理解了情绪和感受，其他的问题就迎刃而解了。

特质差异：当"感受人"遇到"工具人"，总不在一个频道上

> 雨桐："亲爱的，我想让你下午陪我去逛街。"
>
> 明轩："去逛街？是有什么需要买的吗？"
>
> 雨桐："没啥东西需要买，就是想跟你一起逛逛。遇到喜欢的就买。"

明轩："不买东西去逛啥街，多无聊啊！"

雨桐："就是想和你一起随便走走，放松放松嘛，还可以聊聊天。"

明轩："聊天在家就可以聊啊。你有什么事要跟我聊吗？"

雨桐想了半天说："其实也没啥特别的事……哦，对了，咱家卫生间的灯泡好像不亮了。"

明轩立马说："老婆，赶紧穿衣服，走！"

雨桐一脸疑惑地问："干啥去啊？"

明轩反问道："你不是要逛街吗？买灯泡去啊！"

从上面这段逛街的对话中，你就能够感受到男女之间又一大差异。雨桐和明轩在对待逛街这件事情上的看法和感受是完全不同的，这种不同来源于两性特质间差异。特质这个词，你可以简单理解为一个人的心理特点与行为方式的偏好，是由先天遗传和后天环境共同决定的。

下面请你来思考一个问题：小男孩和小女孩分别喜欢什么样的玩具？他/她们各自最喜欢玩哪种类型的游戏呢？

当"工具人"遇到"感受人"，故事就此开始……

想想自己小时候或是观察一下身边的小男孩小女孩就会发现，大多数男孩喜欢刀枪棍棒一类的玩具和追逐打闹一类的游戏，而大多数女孩则倾向于喜欢芭比娃娃和过家家类的游戏。等到男孩长成了男人，女孩成了女人，他们在一起聚会的时候，男人们通常聚在一起看足球、打游戏，而女人们则会围坐成一圈聊各种她们感兴趣的事以及交换她们的想法和感受。

为什么男女之间会出现这样泾渭分明的不同表现呢？

原因就在于男女在特质上的差异。心理学上，把男性的这个特质称为工具性（instrumental）特质，其特点是聚焦在任务目标和问题解决上，为了后面更形象、更方便地描述这种差异，我们把拥有工具性特质的男人叫作"工具人"。而女性则拥有表达性（expressive）特质，其特点是非常在意社交关系和彼此的情绪感受，我们也给拥有表达性特质的女人一个代称叫"感受人"。让男人成为工具人、女人成为感受人的主要原因有两大类：一是先天的进化遗传，二是后天的文化规训。

关于进化遗传，我们可以想象这样一个画面：数万年前，我们的祖先住在山洞里。一大早，男人们就带着工具，组成捕猎小分队出去打猎，他们不断地搜寻着猎物的踪迹（目标明确），一旦发现猎物，他们就会一起商量、相互配合、并肩作战，把猎物杀死并运回洞里（解决问题）。而女人们则留在洞里看家护娃，一起坐在火堆旁，你一言我一语地聊聊这聊聊那。她们在交流过程中非常在意彼此的关系和感受。

有研究报告指出，在每一平方厘米的皮肤下面，女人的感受点比男人平均多 16 个，按照成年人皮肤的平均数值 1.8 平方米来算的话（1 平方米 =10000 平方厘米），女人总的感受点要比男人多 288000 个，所以女人比男人更加敏感真的是名副其实。现代的男人和女人都是"工具人"和"感受人"的后代，分别继承了他们彼此不同的特质。

文化规训："工具人"和"感受人"养成记

工具性特质和表达性特质的形成，除了受先天的进化遗传影响，后天环境的影响和塑造也起了很大作用，其中最关键的就是文化规训。简单来说，就是我们的社会文化把男人驯化成了"工具人"，把女人驯化成了"感受人"。

前面说男人拥有工具性特质，女人拥有表达性特质，这种表达是不准确的，因为男人也有表达性特质，女人也同样具备工具性特质，也就是说，每个人都同时具备工具性特质和表达性特质。只不过在社会文化的规训的影响下，男人发展出了高水平的工具性特质，表达性特质的水平比较低，女人则发展出了高水平的表达性特质，相对而言工具性特质水平就较低。

我们的文化鼓励或要求男人要有更强的工具性特质，即男人要有男子气，比如，自信果敢、独立坚韧、有抱负和领导力等特点；要求女人要有更强的表达性特质，即女人要有"女人味"，比如，热情温柔、有同情心、敏感仁慈等特点。男孩和女孩从一出生就被浸泡在这样的文化里，久而久之，男人就被泡成了"工具人"，女人则被泡成了"感受人"。然后毫无觉察的，所有人也会对男女两性形成特定的角色期待或者说刻板印象，下面举个看电影的场景。

场景一：一对恋人坐在电影院看电影，看到动情处女孩哭得泣不成声，男孩很体贴地把女孩揽入怀中，拿出纸巾给她擦眼泪。

场景二：一对恋人坐在电影院看电影，看到动情处男孩哭得两眼通红，女孩很"男人"地搂着他，拿出手帕给他擦眼泪。

第一个场景我们都会觉得很正常，也会觉得画面很美好，但是对于第二个场景，很多人就觉得有点不对劲。如果你是第二个场景里的那个女孩，你也许会非常尴尬，没准儿会想："快别哭了！你个大男人，我都没哭，别说你认识我！"仔细想一想，为什么女孩哭我们觉得很正常，男孩哭我们就觉得这是不应该的呢？这就是因为社会文化规训的结果：女人情感细腻，哭是被允许的，梨花带雨这样的词语就是描写女性哭泣时的柔美，而对男人的要求是男儿有泪不轻弹。对符合文化规训的，我们觉得很正常；对不符合文化规训的，我们就会觉得"不对劲儿"。

出于社会角色分工的需要，男人被培养成"工具人"，女人被培养成"感受人"，但是这会带来不少负面作用。比如，男人的高工具性特质限制了表达性特质的发展，导致男人在觉察和表达感受方面特别笨拙。

男人通常会被贴上理性、理智甚至是冷酷的标签，很多女性都会抱怨说和另一半很少有情感交流，原因是男人根本不表达自己的感受，只会理性地讲道理、给办法。男人确实比女人更少直接表达自己的感受，为什么呢？因为男人们的表达性特质发展受阻，从小就被剥夺了宣泄情绪的权利和表达感受的机会。

在父系社会里，对男人的要求就是"你是个男子汉"。男子汉是不会轻易表露自己的情绪和表达自己的感受的，这样的社会环境下，男人们貌似只有在 3 岁之前拥有哭泣流泪的"合法"权利。男孩子稍微长大了点儿，就会被告诫说：男孩子要勇敢要坚强，男儿有泪不轻弹。

有时候男孩子因为摔跤疼哭了，或者是弄丢了心爱的玩具伤心得哭了，就会被家长喝止和打压，这样的做法会让男孩子觉得哭是一件很丢人的事情，表达自己的情绪感受是不应该的，是无能脆弱的表现。所以大多数男人都习惯了喜怒不形于色。

不管是男人还是女人，都有七情六欲，都有情绪和感受，也都有权利去表达。为什么世界上男性的平均寿命比女性要少好几年，其中一个重要原因可能就是男性太压抑了，将很多负面情绪压抑在心里，这对身心健康损害很大。所以将一首刘德华的歌曲送给所有男士们：《男人哭吧哭吧不是罪》。

沟通受阻：当"感受人"遇到"工具人"

当看重关系和情绪感受的"感受人"，遇到聚焦目标和问题的"工具人"时，沟通就很难处在同一个频道上，进而沟通受阻，导致矛盾重重。我们回到本节开头逛街的那个场景对话。

"感受人"雨桐想要工具人明轩陪她逛街，我们从雨桐的表达里能知道，她最在意的不是要买什么东西，而是有人陪她一起去买，一起走走聊聊。但"工具人"明轩一听到不需要买东西时，立马就拒绝了，因为逛街不买东西就是没有目标，这在明轩眼里就纯属浪费时间而且无聊。然后雨桐无意中提到卫生间灯泡坏了，这句话立马激发了明轩的工具性特质，开始进入设定目标（买灯泡）和解决问题（把灯修好）的模式，明轩这才愿意出去逛街。

我们在生活中也经常能观察到，男士逛街买东西，目标很明确，说是去买内裤那就是去买内裤，绝对不会买其他东西，而且速度极快，买完就走，绝不多逛。而女人则可以一逛一整天，一件东西都不买也没关系，只要有人陪着就很开心。英国研究者就逛街购物这个话题调研了 2000 多名男女，结果发现，平均来看，男人逛街持续 26 分钟就受不了了。这一点我还是深有体会的，我觉得逛街半小时比我踢球 2 个小时都要累。

针对男人一逛街就累的痛点，世界各地的购物商场也不约而同地给出了解决方案：特地准备一块地方，给那些陪女人逛街的男人们休息、玩耍和充电。这种地方在德国叫男士花园（Mannergartens），在法国叫"托儿所"（Garderues），在有些地方则叫"老公寄存处"，就跟寄存包裹似的，各国男士的地位和待遇一目了然。了解了男人的特点，女人们真想让男人好好陪你逛街也不难，给他们设置些任务和目标，这样他们就会更有意愿和动力了。

刚才是购物逛街的场景，下面我们来看看日常生活中，当女人遇到问题想和男人聊一聊时，两性间的特质差异又会导致怎样的困难。

> 明轩："老婆，上周我跟你说有个老家的亲戚要来借住两天，今天咱们把客房收拾一下吧，我妈说那个亲戚明天来，周六还要去医院看病。"
>
> 雨桐："啊？你那亲戚还真要来啊？好麻烦啊！"
>
> 明轩："你要是没时间，我抽时间打扫吧，没事儿。"
>
> 雨桐："你亲戚来怎么不跟我商量呢？你老是自作主张！"
>
> 明轩："我不是上周跟你说了吗？是我妈那边的亲戚，

我妈还特地嘱咐我好好招待人家。"

雨桐："上周说是说了，可也没商定好啊，我还没同意，你就自作主张，你心里还有没有我？什么都听你妈的……你妈说什么都是圣旨，是吧！"

明轩："你这不是莫名其妙吗？我明明上周跟你说了，你也"嗯"了一声，怎么这会儿还反悔了呢？还扯上我妈了，你真的有点儿无理取闹了。我说了我来打扫不用你管。"

雨桐："你又吼我！你答应的事情从来不放在心上，说好了周六晚上看电影的……"

明轩："这事儿和看电影有什么关系吗？"

后面明轩和雨桐就一直吵来吵去，最后明轩气得不说话，雨桐则哭着喊着说个不停。我们可以看到"工具人"明轩和"感受人"雨桐在沟通问题时遇到的困难和阻碍。明轩一直在试图解决问题，而雨桐则关注自己的感受，希望明轩能够看见并理解自己的感受。但是"工具人"明轩一直陷在解决问题的模式里，体会不到雨桐话语背后的情绪与感受。

明轩觉得事情很简单，亲戚要来住两天，然后周六去医院看病，但是雨桐觉得亲戚的到来侵占了两个人的相处时间，周六晚上约好看电影可能也会因此而"泡汤"。明轩只顾着解决眼前的问题，却没有看到事情背后雨桐的感受：生气和伤心。但如果明轩的表达性特质水平再高一些的话，或许就能够觉察到雨桐的感受，当一个人的感受和情绪被看见和接纳之后，很多问题就都好解决了。

社会文化把男女两性塑造成了"工具人"和"感受人"，确实造成了很多不必要的隔阂与矛盾。但当我们了解了男女之间特质的差异以及社会文化的规训影响后，就可以多一些选择的自由，同时发展和培养工具性特质和表达性特质。研究表明，那些拥有满意、幸福婚姻的夫妻们，他们的工具性和表达性特质通常都很高。尤其是男士们要多注重培养表达性特质。

当男人们也能感知和觉察自己的情绪，也可以自如地接纳和表达自己的情绪时，当女人们也能毫无顾虑地发展工具性特质，以达成自己想要的目标和成就时，大家将更容易理解彼此。

情感需求差异：男人有男人的渴望，女人有女人的期待

每个人进入亲密关系时，都怀着满满的期待，期待着能从对

方身上或是关系里得到一些自己渴求的东西，好满足自己各方面的需求。在这些需求里，除了物质经济方面的需求外，还有非常重要的情感需求。情感需求能否得到满足，决定了你我在关系里能否体验到满意、幸福以及对未来的信心。男人和女人的核心情感需求是不一样的，我们先来说说男人的。

男人的三大核心情感需求

男人的第一大情感需求是：被认可，也就是男人的付出和贡献需要被看见、被承认。特别是成了家之后的男人通常责任感很强，会觉得在外挣钱养家是应当的责任，再苦再累都没关系。但是男人无法接受的是自己在外辛苦打拼的付出，家里的妻子看不到。

有一对夫妻在心理咨询室里做情感咨询，妻子在咨询师的引导下，对丈夫的辛苦付出表达了多年没说出口的感谢，丈夫瞬间"破防"，哭得泣不成声。男人往往都是做得多，说得少。聪明的妻子会主动看见丈夫的付出，并给予认可和感激，而不会将其当成理所应当。我们总觉得都是一家人说感谢挺见外的，因而不好意思说出口，但被看见和被认可是每个家庭成员都需要的情感需求。

男人的第二大情感需求是：被欣赏。作为丈夫最扎心的是被妻子说"无能"和"没出息"，以及被拿去跟其他男人比。丈夫需要从妻子那里获得欣赏，才能有源源不断的动力去打拼事业，再苦也会觉得值得和欣慰。而妻子有意无意地打击和否定，会浇灭男人心中奋斗的一团火，导致他们越来越没信心，慢慢地就放弃了。

既然男人很需要被欣赏，妻子们就可以经常夸夸他们，外在的、内在的都可以夸。都说女人是听觉动物，喜欢听好话，其实男人也是听觉动物，也很希望听到赞美，尤其是来自妻子的。丈夫把家里的下水道修好了，跟他说："你好棒！"丈夫涨工资了，跟他说："老公你真厉害！"丈夫理了一个新发型，跟他说："你好帅！"男人要的并不多，但是不能没有。这些简短的话语就足以温暖男人的心了。

男人的第三大情感需求是：被崇拜。这比欣赏更进一步。男人在外打拼靠的就是一身本领，怎么才能相信自己有一身的本领呢？那就是要有他人的崇拜，而妻子的崇拜是丈夫最需要的。有的女士会说："欣赏他我还能做得到，崇拜他就算了，就他那点儿本事还不如我呢！"

其实每个男人都是潜力股，需要妻子把他们的潜力激发出来，最好的激发就是表达自己满满的欣赏和崇拜，说不定就能慢慢地打通他的任督二脉。林文采老师在她的《林文采亲密关系课》里提到，崇拜可以很简单，一个感叹词"哇"就可以了。丈夫为家里做了贡献或是取得了进步和成就，你的一句："哇！真棒！"丈夫听了之后会更有干劲，更愿意付出。

男人的三大核心情感需求是：被认可、被欣赏、被崇拜。要满足男人的这三大需求其实不用做很多，动动嘴多说说这三个词：多说"谢谢"，表达你看见了他的付出，多说"真棒"，表达你对他的欣赏，多说"哇！"并送去崇拜的眼神。

女人的三大核心情感需求

说完了男人的三大情感需求，那女人最渴望男人满足她们什么样的情感需求呢？当然女人也需要被认可、被欣赏，但女人最核心的情感需求是下面这三个。

女人的第一大情感需求是：安全感。这个答案并不让人意外，可是为什么呢？哺乳动物里的雌性一般是要负责生养幼崽的，想让幼崽顺利长大需要什么条件呢？最基本的需要是有人提供食物以及安全保障。所以女人特别需要安全感，包括物质经济上的安全感和心理上的安全感。当女人很没安全感时，丈夫一定要说："亲爱的，别怕，有我在呢！"

　　女人的第二大情感需求是：被重视。 很多女人会经常怀疑另一半还爱不爱自己，这就是为什么女人会一遍又一遍地问男人："你爱我吗？"情商低的男人会抱怨说："你都问了无数遍了，烦不烦啊？"其实不管之前说了多少遍，男性都要认认真真地回答："我爱你"。因为此时女人在确认此刻你还爱不爱她，你回答了她就能够感受到被重视，也就放心了。

老婆："我和你妈都掉河里了，你先救谁？"
老公："我把河里的水都喝光，这样你们就都得救了！"

　　女人也不想老问一些"无聊"的问题，之所以问是因为她渴望被重视的需求没能得到满足。所以关键还是在平时，做老公的多做一些事情表达对妻子的重视。如何表达对妻子的重视呢？最重要的就是花时间在她身上。丢掉手机，放下工作，专注地听她说话，花时间陪她，创造只属于两个人的浪漫独处时光。

女人的第三大情感需求是：被呵护。多数女人都想要被疼爱、被呵护。女人当然拥有勇敢坚强、独当一面的能力，但也非常需要男人细腻温柔的关怀。

怎么表达对妻子的呵护呢？首先是粗活儿、脏活儿、累活儿要直接抢着做，你能想象让一位身着一袭白裙的公主去修理马桶的场面吗？然后要记得像生日、结婚纪念日这样重要的日子，精心的安排等都能让她感受到你的用心和疼爱。最后一点，也是最重要的一点，当她生病的时候一定要关怀备至。生病时是最没有安全感、最需要被疼爱的时候，你温柔体贴的照顾，能让她深深感受到被呵护。

以上就是女人的三大核心情感需求：安全感、被重视和被呵护。下面出一道练习题考考男士朋友们。

> 你早上拎着包正要出门去上班，这时另一半突然跟你说："亲爱的，我好不舒服啊，头晕目眩的。"这个时候你应该怎么回复呢？

"直男"的回复往往是："那你好好休息吧，我再不走就要迟到了。"高情商的男士通常会放下包，跑过去给她一个拥抱，然后说："亲爱的，需不需要去医院？要不我今天请假不去上班了，留在家里照顾你吧。"女人是感受动物，你让她感受好了，她就会更加理解你。如果你的表现满足了她的安全感、被重视和被呵护的需求，她就会带着理解，体贴地回复你："临时请假不太好吧，你快去上班吧，别迟到了。晚上回来再好好陪陪我吧。"

知晓对方最渴望什么、最需要什么，就给他什么，这才是给予爱的最好姿势，滋养着对方成为更好的人。

原生家庭差异：两个人的不同，是两个家庭的交锋

前面从大脑差异、特质差异和情感需求差异做了详细的阐述和分析，接下来，这第四大差异我们来到了影响范围更广的原生家庭差异。这里就不仅仅是男女性别上的差异了，而是任何两个人的原生家庭都存在着方方面面的不同，从肉眼可见的生活习惯，到家庭里的交流模式和教养方式，再到隐而不见的家庭三观，其数量之多、范围之广可能超出你的想象。

所以，两个人谈恋爱或是结婚，哪里只是两个人那么简单，简直就是两个家庭甚至两个家族的相遇、碰撞和交锋，每个人都背着一个原生家庭塞给自己的大"包裹"。如果把人比作一座冰

山，这座冰山有水面上的一小部分和水面下的一大部分，原生家庭塞给自己的大"包裹"就是水面下的部分。因此，当亲密关系里的两个人沟通时，看似是水面上两个冰块的摩擦，其实水面下的碰撞与较量才更为激烈。

两个人原生家庭之间的差异是多方面的，这一节主要讲一讲外在生活习惯的不同和内在价值观的差异。

生活习惯大不同：小习惯可能引发大矛盾

每个家庭都有自己独特的生活习惯：几点睡觉、几点起床、几点吃饭，饭后谁来洗碗、谁来擦桌子，晚上和周末时间怎么安排，家里的钱怎么花、花在哪儿……我们不可能找到两个生活习惯完全一样的家庭。当两个人带着各自家庭的生活习惯住在一起的时候，必然会看到方方面面的不同，大大小小的争论和摩擦就不可避免了。

大扫除是一周一次还是一个月一次，吃完饭是立刻刷碗还是可以留到明天，内裤是单独手洗还是可以放洗衣机里混洗，西红柿炒鸡蛋到底放不放糖，过期一天的食物还能不能吃，周末是宅在家里休息还是出去玩……生活习惯上的不同可太多了，但这些不同并不涉及谁对谁错、谁好谁坏，仅仅是不同而已，是每个人在原生家庭里养成的偏好。

有的人就是看不惯另一半跟自己不一样，非让对方跟自己保持一致，一两个小习惯改一改还行，方方面面的习惯都要改，没有人能吃得消。有时候一件小事就能让两个人吵得不可开交、天昏地暗。

有对夫妻，因为挤牙膏是从下面挤还是从中间挤发生争执，最后竟然吵到要离婚。我就在想至于嘛，挤牙膏这芝麻绿豆大的小事儿闹这么大，这以后的日子还怎么过。其实这个事情很好办，各自买一管牙膏，你挤你的，我挤我的，不就完了。两口子想和和睦睦地过日子，就得学会包容和接纳另一半的不同。

价值观之大不同：彼此理解，求同存异

生活习惯的不同，只要不是违法的、危害健康的，我们首先要做到的是接纳，而不是一味地要求对方改得跟自己一样。你越是能接纳另一半的不同，另一半就越能接纳你的不同。

原生家庭之间非常大的一个不同就是"三观"的不同，从狭义来讲就是世界观、人生观和价值观，这是什么意思呢？你把这三个词倒过来看就是观世界、观人生、观价值，说的就是一个人如何看待这个世界、看待自己的人生以及看待价值这三件事。广

义的"三观"是指一个人怎么看待方方面面，除了包括狭义的三观外，还包括金钱观、消费观、育儿观、教育观、孝顺观、科学观、家庭观、婚姻观、事业观，等等。

在这各种各样的"观"里，我们重点来谈谈价值观的不同引发的摩擦与冲突。价值观是人们从小到大慢慢内化到心里的，一旦形成就非常稳固，改变起来难度很大。所以两个人之间面对价值观的不同，要做到彼此理解，求同存异。求同指的是大体上的核心价值观要基本一致，否则会引发不可调和的激烈冲突，对感情伤害很大。存异的意思是面对那些影响不大的不同价值观，我们要学会理解和包容。

那什么是价值观呢？简单来说就是怎么看待价值这件事情，也就是一个人认为做什么样的事情对自己有价值或是能获得价值感。一个人一旦认为某件事情有价值，他就会投入自己的时间、精力和金钱，而且会持续地去做。如果一个人认为某件事情不符合他的价值观，他就不会去做这件事。

什么样的事情是有价值的或可以给人带来价值感的呢？这可多了，而且因人而异。比如，读书学习、自我成长、兴趣爱好、工作事业、吃喝玩乐的享受、旅行、炒股、慈善、家庭生活、朋友聚会，等等。两个人也许在某些领域的价值观一致，但在有些领域也可能会完全不同。

举个例子，雨桐认为周末和节假日就应该花钱出去旅游，既能放松身心又能开阔视野。但是明轩认为周末和节假日应该跟朋友和家人在一起，出去旅游既花钱又得不到休息。再比如，雨桐觉得把收入的一部分用来做慈善公益是很有意义的事情，但是明轩则认为自己挣的钱需要先改善自己和父母的生活。

你看类似这样的价值观冲突，没有谁对谁错，谁高谁低，就是价值偏好不同。那怎么才能做到求同存异，彼此理解和接纳呢？

首先，谈恋爱的时候要主动谈一谈彼此的价值观。核心价值观基本一致就可以了，追求完全一致也是做不到的。但如果价值观非常不合，冲突特别大，就说明你们确实不合适，即使勉强在一起了，后面也会面临很多很大的矛盾冲突，因为一个人的价值观是很难改变的，它不像生活习惯那么容易调整。一个人会因为爱你改变他的某些生活习惯，但是让人家改变价值观就有些困难了。

其次，其他方面不同的价值观需要彼此给予包容、理解和接纳，在接纳的基础上进行磨合。怎么磨合呢？还是拿上面雨桐和明轩来举个例子。雨桐认为周末和节假日应该花钱出去旅游，明轩认为周末节假日应该跟朋友和家人在一起，看似不可调和，其实还有商量的空间。比如，这些活动安排可以轮流进行，这一次明轩听雨桐的，两个人出去旅游，下一次雨桐听明轩的，跟家人朋友聚会，这样岂不是双方的诉求都照顾到了。

最后，换个视角，抱着了解和学习的心态去对待另一半不同的价值观，把它当成是对方的特点而不是缺点。 比如，雨桐愿意花钱做慈善公益，如果明轩把这种价值观当成是乱花钱，那么两个人肯定有吵不完的架。但如果明轩能把花钱做慈善当成是雨桐善良的体现，就能接受并进一步了解雨桐做的慈善公益，两个人商量一个都能接受的额度一起做公益，没准儿做着做着，明轩也能从慈善公益里收获价值感和意义感。

至此，男女大不同的四大差异都介绍完了：大脑差异、特质差异、情感需求差异和原生家庭差异。谈论这些差异并不是想把男女两性对立起来，那了解这些两性差异是为了什么呢？

我一直坚信，很多的不理解是因为不了解。一旦我们了解了两性差异，就更能理解对方的想法和行为，很多时候对方并不是故意那么做的；一旦我们了解了两性差异，就更能够包容对方的一些毛病和缺点，人无完人，需求同存异；一旦我们了解了两性差异，就能够更好地跟另一半相处和沟通，因为我们弄懂了对方的特点和方式；一旦我们了解了两性差异，也能给自己一个向对方学习的机会，三人行必有我师。比如，女性的表达性特质，就尤其值得男性朋友们多学学，这对自己及与人相处的关系都有益处。

第 3 章

积极沟通：如何带着爱与理解
有效沟通，解决问题

上一章详细介绍了男女四大方面的差异，这些差异是导致两性矛盾的主要原因。了解了彼此的不同，能让我们带着多一些理解与另一半沟通，但如果沟通的姿势和方法不对，效果就会打折，甚至造成事与愿违的后果。因此，这一章会介绍有用的沟通方法，让我们从容不迫地面对和化解大大小小的问题与冲突，就算要吵，也能越"吵"感情越好。

消极沟通：3 种破坏关系的互动模式

第 1 章中，我们揪出了通往亲密之路上的六大拦路虎：批评指责、嘲讽鄙视、自我辩护、冷战逃离、拒绝修复和恶意解读。从沟通互动的角度来看，这些都属于典型的消极沟通，会给关系带来消极影响和伤害，导致双方感情越来越差、越来越脆弱。因为每出现一次消极的沟通，它都会变身为小偷，毫不留情地从爱情账户里偷走宝贵的爱情货币，当爱情货币越来越少，爱情账户就会面临破产的危机，亲密关系也将走到尽头。

如果这 6 大消极沟通轮番出现的话，长期就会形成 3 种比较固定的消极互动模式，分别是："你争我夺""你逃我追"和"你走我走"。如果把关系互动比作舞池里的一支双人舞的话，"你争我夺"是两个人都想控制对方，抢夺舞步的主导权；"你追我逃"是一方想控制另一方跟自己跳舞，但另一方一直在逃不肯配合；"你走我走"则是两个人都筋疲力尽，曲终人散，双双退出了舞池，一个向左走，一个往右走。

"你争我夺"：这种消极互动模式往往出现在关系恶化的伊始，出现的频率越高，越会加速关系的恶化。亲密互动本应该是一曲美妙绝伦的和谐双人舞，但一旦陷入"你争我夺"的模式，双人舞就立刻变成了一场拳击赛，双方都想争抢到比赛的主导权和最终的胜利，有时为达目的不惜痛下狠手。

批评指责、嘲讽鄙视、自我辩护最容易出现在"你争我夺"

的模式里，你批评指责我，我就开始自我防御和辩护，然后反过来批评指责你，甚至变本加厉地引入嘲讽鄙视。就好像我挨了一拳，如果不打回两拳就感觉吃大亏了。如此这般，两个人很快就会掉进"你争我夺"的恶性循环里，最终两个人都将"鼻青脸肿"，就算一方赢了，两个人也都是感情的输家。

"你争我夺"的模式争夺抢占的是什么呢？争的是"你有问题，我没问题"，夺的是"我没有责任，都是你的责任"，抢的是"都是你的错，我没有错"，占的是"我说的都有理，你说的都没理"。总之，双方都想在气势上压倒对方，好让对方乖乖听自己的，但却没有一方肯妥协让步，最终的结局一定是惨烈的双输。我们来看一个雨桐和明轩的例子。

> 雨桐："你怎么老是迟到啊，电影都开始10分钟了，真是的！你每次都这样！"
>
> 明轩："公司临时要开会我有什么办法啊？要怪你找他们去！"
>
> 雨桐："那你就不能提前跟我发条微信说一声吗？你根本就没把看电影放在心上！"
>
> 明轩："你还说我，上一次我去你单位接你下班，你晚了快一个小时才下来，原因竟然是跟同事聊天忘了看时间，我看你根本一点儿时间观念都没有！还好意思说我！"

> 雨桐："这会儿说今天你迟到的事情呢！你扯别的事情干什么？你就是喜欢翻旧账，自己的错不承认！"
>
> 明轩："我还错了，我为了赶过来看电影，满头大汗地跑过来，路上差点被一辆电动车撞了，你有问我一句好话吗？我真的是无语。"
>
> 雨桐："你不说我怎么知道……反正你总是有借口……"

短短七八句对话，雨桐和明轩就掉进了"你争我夺"的旋涡，最后两个人对彼此都咬牙切齿，约好的电影没看成，这次约会也不欢而散。

"你逃我追"：这种消极互动模式往往出现在"你争我夺"后面。掉进"你争我夺"旋涡之后，两个人会情绪上头、愤怒争吵，陷在消极情绪里不断挣扎。最终往往是有一方精疲力竭，受不了选择逃跑，逃出"你争我夺"的旋涡，但若另一方仍穷追不舍，两个人就会再次掉进另一个"你逃我追"的深坑。

通常来说，逃的一方大多是男人，追的一方大多是女人。最主要的原因是，当男女双方都陷入消极旋涡中无法脱身的时候，男人身心受到伤害的程度要比女人更强烈，也就是说，如果一直吵个不停，男人更有可能先被"气死"，因此男人们通常会在"被气死"之前选择离开。

加利福尼亚大学伯克利学院罗伯特·列文森（Robert
Levenson）博士的研究表明：当男人和女人都突然听到非常响
亮、短促的声音（比如，车胎爆裂）时，男人的心跳一般跳得比
女人快，心跳加速的时间也更长。另一项研究来自亚拉巴马大学
的心理学家道夫·齐尔曼（Dolf Zillman），他发现：男人在受到
故意的粗暴对待后，被要求放松 20 分钟时，他们的血压依然会
升高，而且升高状态会一直持续，直到他们开始反击。而女人面
临同样的对待时，她们在 20 分钟内就能平静下来。这两项研究
告诉我们，与女人相比，男人的心血管系统更易被激活，且遭受
压力后恢复起来比女人更慢。

从进化心理学角度来看，负责哺育后代的女性祖先，其母乳
产量与其自身的放松程度密切相关，而放松程度与身体分泌的催
产素有关。催产素可以帮助女性更快地恢复平静、放松下来，以
便产出更多乳汁哺育孩子，提高后代的生存概率。因此，进化选
择了那些在受到压力后依然能够分泌催产素的女性。

对于负责合作捕猎的男性祖先，保持警觉和对环境压力的敏
感是非常重要的，一旦遇到危险或要合围猎杀动物时，男性体内
能快速大量地分泌肾上腺素，这种激素虽然可以激活全身的能量
系统，但也让男人变得更不冷静，但正是这种"不冷静"使得男
人们更容易捕到猎物。

所以说，"你逃我追"的模式里通常是男人先逃。一是由于进化上的特点，免得自己"被气死"，这是一种本能上的自我保护。二是为了保护对方和这段关系，因为当男人情绪上头的时候，如果外界的刺激一直不断，他们有可能会动用"暴力"来解决问题，一旦动手就会产生极大的伤害，所以男人们在失去理智之前会先选择逃跑，其实这也是怕自己失控而动手，因为相比动手，逃跑的伤害要小很多。

女人为什么要一直追呢？因为女人渴望得到男人的情感回应，来满足她们的依恋需求。所谓的依恋需求就是：我喊你，你能回应我；我跟你表达感受，你能理解我；我有压力了，你能在身边陪伴支持我。但是男人一逃跑，这些依恋需求就无法被满足，所以女人就一直追。女人一直追却得不到回应，表面来看是生气和愤怒，其实内心深处则是伤心、无助和绝望。

女人一直追，男人就一直逃。男人之所以一直逃，还有一个原因是女人追的方法通常只会起到反效果。如果沟通很顺畅很愉快，男人也不会逃。在"你逃我追"的模式里，女人的"追"通常都包含着批评指责、嘲讽鄙视等，说的话越来越多，语速越来越快，吼的声音也越来越大，这种情况在男人眼里就跟被敌人追杀没什么两样了。

当男人逃进一间房里关上门时，女人要想进去，就需要好好说话。男人一旦意识到女人是带着"唇枪舌剑"来的，为了不受伤害自然就不会开门。继续看雨桐和明轩看电影的例子。

雨桐："你怎么老是迟到啊！电影都开始 10 分钟了，你每次都这样！"

明轩："公司临时加了个会，我有什么办法啊？"

雨桐："那你就不能提前跟我发条微信说一声吗？你根本就没把看电影放在心上！"

明轩："哎，我都来了，走，看电影去吧。"（说着，明轩一个人就往电影院里走。）

雨桐："你怎么不等我啊！每次跟你说事，你都敷衍，真没法聊。"（说着，赶忙追上明轩。）

在看电影的整个过程中，雨桐好几次找明轩聊，明轩都以看电影别说话为由拒绝了。电影结束了，两个人本来安排的是一起吃饭。

雨桐："这电影还行，接下来咱们去哪儿吃饭？"

明轩："随便吧，都行。"

雨桐："你就不能出出主意吗？不是说好了一起吃饭吗？每次都是听我的、听我的，你就不能搜搜附近有啥好吃的，迟到了一点儿歉意都没有，吃饭也不上心，每次跟你哥们儿喝酒你倒是积极得很。"

　　明轩："随便选一家吃算了，吃完赶紧回家，累了。"

　　雨桐："你怎么这么累啊，跟我一起出来玩你就累，啥也不干，你还累了！我还累呢！我这操心的命！你就不能学学小美的男朋友，都事先安排得好好的……"

　　明轩："哎……"

　　后面吃饭时，也都是雨桐在说，明轩在沉默，偶尔用"嗯""好""都行"这样的回答冷冷地回应，没有一句话超过5个字。如果"你逃我追"模式长期存在的话，对关系的危害是很大的。《如何正确吵架》中讲："进行激烈争吵的伴侣并不是对关系破坏力最强的类型，最危险的模式是一方积极参与，想要解决问题，另一方却想逃避。"也就是说，"你逃我追"的模式比"你争我夺"的模式的破坏力更大。

　　"你走我走"："你逃我追"的模式是一个逃，一个追，当追的一方心力耗尽却全无效果的时候，绝望感就会袭来，而且会越来越强烈，便会产生"不想再追了"的念头。追的一方不再追了，"你逃我追"的互动模式就消失了，但会立刻进入到第三种消极互动模式——"你走我走"。

　　两个人的双人舞就这样曲终人散，他们不仅仅是停下了舞步，而是退出了舞池，也退出了这段关系，分手或离婚都有可能。也有可能维持关系冻结的状态，慢慢成为同一个屋檐下的陌生人：话越来越少，即便说话也是没有任何感情的表达，两个人像是冰冷的机器人一样，为了当时缔结婚姻的一纸承诺，又或是为了孩子勉强搭伙过日子。

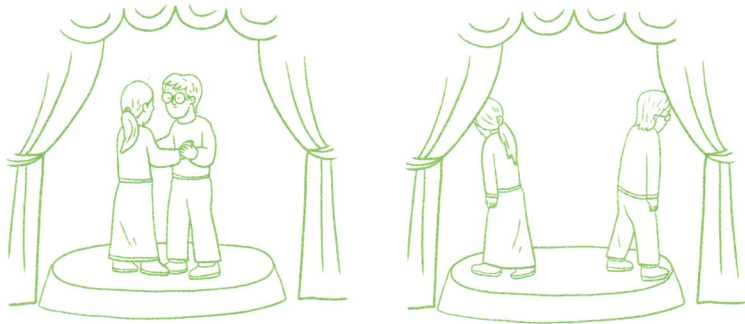

曲终人散："我累了，不跳了，我走了。"

　　当受伤很深的时候，做什么都没用的时候，就会对另一半和这段关系失去信心和期望。没有期望，就没有失望。失望可能没有了，却依然会陷入深深的绝望和孤独中。世界上最孤独的事，不是你不在我身边，而是你日日夜夜在我旁边，我却感受不到一丝丝的爱意与联结。两个人都否认自己的情感需求，虽共处同一时空，但空气中充满了冰冷和压抑，时间也变得很漫长，双方就像陷入了"无间地狱"一样，心里每一寸都时时刻刻地经受着痛苦的煎熬。

上面这 3 种常见的消极互动模式："你争我夺""你逃我追"和"你走我走"，会依次出现在关系变差的整个阶段：从开始恶化，到病入膏肓。每一种消极互动都是偷走爱情货币、伤害感情的魔鬼，我们先要认清它们的真面目，才能很好地避开它们，有的放矢地节约我们的爱情货币。

如何避开或是打破这三种消极互动模式呢？首先，要能看到这三种模式以及其对关系的伤害，看到是改变的第一步；其次，两个人要组成统一战线，因为真正的敌人不是另一半，而是这些伤害关系的消极魔鬼。双方都要调整自己、相互配合，齐心协力打败这些难缠的魔鬼；最后，学会用温暖的积极天使，替换掉伤人的消极魔鬼。积极天使就是下面要出场的积极沟通。

就事论事：怎么说，另一半才肯听

不带评论的观察，是人类智慧的最高形式。

——印度哲学家克里希那穆提（Krishnamurti）

积极沟通的核心理念来源于两部分：心理学家马歇尔·卢森堡博士的非暴力沟通和积极心理学。和非暴力沟通一样，积极沟通不是简单的如何说话、如何沟通的方法，而是一种更加深刻的沟通模式，让人与人之间能够带着善意开启交流，通过描述事实，带着理解化解彼此心中的戾气，表达内心深处的感受和需求，进而满足彼此的需求，最后充满爱意地向对方表达感激。整个积极沟通下来，参与沟通的任何一方的人生都会变得更加美好。

积极沟通的第一步：就事论事。当两个人之间有矛盾和冲突时，发起谈话的一方如何开个好头就非常关键，要做到描述客观事实而不消极评判。当另一半的言行让我们心里不爽、不舒服时，我们往往会带着情绪做评判。所谓评判，就是评价一个人并下判断，情绪上头时特别容易妄下判断和贴负面标签。消极评判包括批评指责、嘲讽鄙视、负面评价、贴标签等带有评头论足味道的话语。

就事论事就是客观地描述事实，这和消极评判有什么不同？看一个例子：明轩因加班连续三天晚上 12 点之后才到家。雨桐的两种表达分别是描述事实和消极评判。

> 雨桐："你天天这么晚回来，心里根本就没有这个家。"

（消极评判）

> 雨桐："亲爱的，你最近连续三天晚上都 12 点之后才回来，我想知道发生了什么？"（描述事实）

区分事实和评判非常重要，因为客观描述事实就是在就事论事，没有攻击，没有责备。而且事实胜于雄辩，当我们描述实际情况时，另一半就不会升起防御心或想要反击，这样沟通就有了一个好的开始。描述客观事实也是带着善意的，想进一步了解发生了什么，表达了一种在意和关心。

如果一开口就是各种消极评判，立马就会让人心生戒心和防御心，辩护、反击或逃避就可能随之出现。为什么呢？因为消极评判是不负责任的攻击。当我们遭到攻击时，自然就会防卫、辩护、反击或逃跑，这样两个人就会陷入消极互动的模式中，良好的沟通自然无法进行下去。

一句话是描述事实还是进行消极评判，我们要学会区分。学会了区分，我们才能够选择就事论事地描述事实，给沟通开一个好头。下面请你练一练，判断如下三句话是描述了事实还是消极的评判。

> 1. 小王啊，最近你总是迟到啊！
> 2. 佳佳啊，你怎么老是不收拾玩具呢？真懒！
> 3. 亲爱的，最近一周里，我们俩都没有单独出去吃过饭。

第一句含有评判，"总是"一词描述得不准确，含有指责的味道。如果这么表达是描述事实："小王，我查了考勤记录，你迟到了三次。"

第二句含有评判，"老是"一词描述得不准确，"懒"一词是在给孩子贴负面标签。如果这么表达就是描述事实："佳佳，昨天晚上你玩完玩具后，没有把玩具收到箱子里。"

第三句是描述事实，说得很具体很准确，没有评判，这么表达更利于沟通。

消极评判的话语会有一些特点：一是句子中往往含有"你"，当我们想要评判、指责、嘲讽时，我们倾向于说"你怎么怎么样"；二是语句中含有一些特定的、笼统概括的词和一些评价型的名词、形容词。比如，"总是""老是""从不""根本""经常""很少"等，再比如，"拖延症""笨蛋""懒惰""差劲""完美主义""没责任心""冷漠"，等等。

区分事实和评判并不是一件简单的事情，做到客观描述事实而非主观消极评判更是有一定难度，但这是积极沟通时关键的第一步，因为好的开始就等于成功了一半。在我看来，不带评判的描述事实是一种美德。大多数人都习惯或着急地做评价、下判断、贴标签，所以这种美德需要主动去修炼。在这里分享诗人鲁斯·贝本梅尔（Ruth Bebermeyer）的一首诗，它很好地描述了描述事实和主观评判的区别：

> 我从未见过懒惰的人，
>
> 我见过有个人，
>
> 有时在下午睡觉，
>
> 雨天不出门，
>
> 但他不是个懒惰的人。
>
> 请在你说这是胡言乱语之前，
>
> 想一想他是个懒惰的人，
>
> 还是他的行为被我们称为懒惰？
>
> 我从未见过愚蠢的孩子，
>
> 我见过有个孩子，
>
> 有时做的事我不理解，
>
> 或不按我的吩咐做事情，
>
> 但他不是个愚蠢的孩子。
>
> 请在你说这就是愚蠢之前，
>
> 想一想，他是个愚蠢的孩子，
>
> 还是他懂的事情与你不一样？

我们说有的人懒惰，

另一些人说他们与世无争，

我们说有的人愚蠢，

另一些人说他学习方法有不同。

因此，我得出结论，

如果不把事实和评判混为一谈，

我们将不再困惑。

因为你可能无所谓，

我也想说，这只是我的评判。

感受与需求：这么表达自己，另一半才更懂你的心

重要的不是发生了什么，而是对方是怎么感受的。我们要永远记住，感受的沟通在亲密关系中是最重要的。

——武志红，《为何爱会伤人》

积极沟通的第一步是客观地描述事实，事实背后隐藏着两样重要的东西：感受和需求。之所以要沟通，是因为我们感受到了消极情绪，我们的需求没有得到满足，沟通的目的就是表达出感

受和需求，让另一半了解，进而给予理解和满足。因此，积极沟通的第二步就是表达出事情背后的感受，第三步则是说出隐藏在感受背后的需求。感受和需求之间存在着紧密的联系，首先来谈一谈感受。

为自己的感受负责：区分感受和想法

感受，是内心的感觉，也是内在状态的量尺，就好比温度是外界环境的测量标尺一样。当感受由内向外呈现出来时，就是我们常说的情绪，情绪是表达感受的工具。能够自在顺畅地觉察、体会、接纳和表达自己的感受与情绪，对每一个人来说都至关重要，尤其是对感受的表达。

黄焕祥的《懂得爱：在亲密关系中成长》中，有一段强调感受重要性的精彩片段："我们可以同别人分享自己的感受，也可以保留在心中。如果分享出来，就得以释放自己的能量，建立更强的亲密感，对方可以更了解我们，我们也觉得与对方更亲近。如果保留不说，身体的能量就必然会关闭，于是觉得不被了解，与对方疏离，而减少亲密感。"

表达内心感受可以增进情感的亲密度。但表达感受并不是一件容易的事情，尤其是表达负面感受。还记得第 2 章里提到的工具性特质和表达性特质吗？其中表达性特质的特点之一就是体会和表达自己的情绪和感受，这方面女性的平均水平要高于男性。但总体来看，社会对所有成年人的要求都是尽量隐藏和压抑自我的感受，尤其是对于负面感受的表露，如果有，就会被贴上幼稚、脆弱甚至是懦弱的标签。这方面对男人的要求就更加苛刻。所以，男人更倾向于压抑和隐藏自己的感受，久而久之就会变得无趣、麻木甚至冷漠。

但要顺利地进行积极沟通，体会和表达感受是必不可少的。想要准确地表达出内心真切的感受和情绪，首先要能够区分感受和想法，因为感受往往会被各种想法包裹。先看下面这两个句子，判断一下是在表达感受还是想法。

> 我觉得我做的菜不好吃。
>
> 我感觉我爱人不懂浪漫。

上面这两句都不是在表达感受，而是在表达想法。想法里包含着评判、评价、看法、评论、标签、判断等，比如，第一句是对自己做菜的评价，第二句是对爱人浪不浪漫的评判。如果改一改，这么说就是在表达感受。

> 我做的菜，盐放多了，我有些沮丧。
>
> 生日那天我爱人没送我玫瑰，我感觉有些失望。

可以看到，表达感受的时候，语句里一定会包含描述状态、感受和情绪的词汇，比如，沮丧、失望、伤心、生气、震惊等。有些语句虽然开头用"我觉得""我感觉"，但依然是在表达想法，因为把"我觉得""我感觉"换成"我想""我认为"后，句子依然很通顺。还有一些表达方式也是在表达想法而非感受，比如，被抛弃、被拒绝、被打扰、被欺负、被利用、被看不起、被忽视、被冷落，等等。看两个例句。

> 我感觉被老公冷落了。
>
> 你走之后，我感觉自己被抛弃了。

"被冷落""被抛弃"其实也是看法和评判，下面换一种方式就是在表达感受。

> 我喊了老公三声，他都没有理我，我感觉很不满和沮丧。
>
> 你走了之后，我觉得有些孤独。

不满、沮丧、孤独这些都是描述内心感受的词汇。所以，想要准确顺畅地表达感受，我们需要在平时多多学习和积累这样的感受词汇，建立一个感受的词汇表。"很好""不好""很差""很糟""很棒"，这样笼统模糊的词语无法准确地描述具体的感受，我们需要更加精确的词语。下面这张感受词汇表摘自《非暴力沟通》

一书，包括积极感受和消极感受两大类，尽管此处没有穷尽所有的感受词汇，但是可以帮助我们拓宽自己的感受词库，更好更准确地表达感受。

感受词汇
积极感受词汇：
兴奋　喜悦　欣喜　甜蜜　精力充沛　兴高采烈
感激　感动　乐观　自信　振作　振奋　开心
高兴　快乐　愉快　幸福　陶醉　满足　欣慰　心旷神怡　喜出望外
平静　自在　舒适　放松　踏实　安全　温暖　放心　无忧无虑
消极感受词汇：
害怕　担心　焦虑　忧虑　着急　紧张　心神不宁　心烦意乱
忧伤　沮丧　灰心　气馁　泄气　绝望　伤感　凄凉　悲伤
恼怒　愤怒　烦恼　苦恼　生气　厌烦　不满　不快　不耐烦
不高兴　震惊　失望　困惑　茫然　寂寞　孤独　郁闷　难过　悲观
沉重　麻木　精疲力尽　萎靡不振　疲惫不堪　无精打采
尴尬　惭愧　内疚　妒忌　遗憾　不舒服

区分开感受和想法很重要。一方面，感受常常被想法包裹着，而想法里或多或少地含有消极评判、评价和标签，会导致人们在表达时，无法客观描述事实。另一方面，感受的背后隐藏着我们的需求，只有准确体会并表达出了感受，才能更好地看清楚自己的需求。

我们把积极沟通的第一步和第二步合在一起举例，还用明轩和雨桐的例子：明轩因加班，连续三天晚上 12 点之后才到家。

雨桐说："你天天这么晚回来，你心里根本没有这个家。"

（夸大事实＋对明轩的评判"心里没这个家"）

雨桐说："亲爱的，你最近连续三天晚上都夜里 12 点之后才回来，我有些担心。"（描述事实＋表达感受"担心"）

为自己的需求负责：找到感受背后的真切需求

先思考一个问题：是什么导致了我们产生情绪和感受？

大部分人会这么认为：是别人的言行或外界的刺激引发了我们的感受和情绪。直觉上看确实是这样，因为老公回家晚，所以妻子生气了；孩子考试没考好，让妈妈很失望……再仔细想一想真的是这样吗？比如，孩子考试没考好这件事情，我们作为家长生气了。那有没有不生气的家长呢？肯定有，这样的家长接受孩子当前的成绩，不是生气而是安慰孩子，再帮着一起分析没考好的原因。

既然同一件事，有的人生气，有的人可以不生气，那就说明并不是孩子没考好这事直接导致了生气，而是另有原因。马歇尔·卢森堡博士说："别人的言行会刺激我们，但不是感受的根源。感受的根源在我们自己身上，是我们对他人言行的看法，以及我们的需求、期待、愿望，导致了我们的感受。"出现负面感受的原因就是我们的需求、期待、愿望没能得到满足以及对他人的负面看法与评判。我们来看一组例子。

> 雨桐说："你天天这么晚回来，真气死我了，怎么说你都听不进去。"（夸大频率，虽有感受的表达，但认为是明轩晚回来导致了自己生气，也没有说出感受背后的需求。）
>
> 雨桐说："亲爱的，你最近连续三天晚上都夜里 12 点之后才回来，我有点担心和寂寞，我希望你能工作日早一点回家陪陪我。"（描述事实，表达了感受以及内心的需求。）

爱的听诊器：听见 ta 的感受，听懂 ta 的需求。

感受和事实之间没有直接关系，而是和需求的满足与否直接相关：需求得到满足，就会产生积极愉快的感受，需求得不到满足，就会产生消极的感受。之所以体会和表达感受很重要，就是因为感受的背后隐藏着我们内心深处的需求。

所以积极沟通的第三步是主动找到感受背后的需求，并清晰具体地说出需求。这么做就是对自己的需求负责，对自己的感受负责，也是对自我的负责。简言之，自己的感受和需求自己负责，而不是让别人负责。一旦需求被表达了出来，对方就更有可能满足我们的需求了，而需求的满足可以让生活更美好。

如果说，男人倾向于压抑自己的感受，那么女人则倾向于压抑自己的需求，原因也不难想到，在几千年来的父系社会里，尤其在封建思想的影响下，女性是没有地位的配角，其形象总是和牺牲、奉献联系在一起，所以女性被要求压抑自己的个人需求。这就是女人总是不明说自己想要什么，而是让男人来猜的原因之一。

因此，需求的探索和表达也需要勤加练习。当我们为自己的感受和需求负责时，就不会带着评判的视角去批评指责别人了。仔细想一想，其实批评指责里暗含着对别人的期待和需求，只是这种表达太隐晦、太伤人了。当一个人说"你不爱我"时，实际上是期待得到爱的，当一个人说"你不理解我"时，实际上是很渴望得到理解的。说出我们的需求是自己的责任，不是别人的责任，当我们负责任地说出需求时，对方就更容易弄清楚我们需要什么，才会去满足我们。

卢森堡博士说："当我们直接说出需求时，其他人就可能做出积极回应。当开始谈论需求而不是指责时，就有可能找到办法来满足双方的需求。"那如何做才是为自己的感受和需求负责呢？答案也很简单，就是在表达感受之后，加上引发这种感受的、未被满足的需求。我们结合积极沟通的前三步来看几个例子。

> 你大声吼叫，我有些害怕，我需要安全的氛围来交流。
> （描述事实＋表达感受＋说出需求）
> 你这么嘲笑我，我很难过，我需要被尊重。（描述事实＋表达感受＋说出需求）
> 你有心事不告诉我，我很沮丧，我渴望你的信任。（描述事实＋表达感受＋说出需求）

梳理清楚别人的言行、我们的感受、需求这三者之间的关系非常重要。别人的言行确实会刺激到我们，但并不是产生感受的根源。别人的言行让我们的某些需求没能得到满足，需求未被满足进而导致了感受的出现。理解了这个逻辑关系，我们才能不把负面感受归咎于别人，也才能真正地为自己感受与需求负责，实现彼此都舒服的积极沟通。

请求而非要求：温和而坚定，让对方自愿满足你

> "老公，我不舒服！""多喝热水！"
>
> "老公，我感冒了！""多喝热水！"
>
> "老公，我来大姨妈了！""多喝热水！"
>
> "老公，我嗓子难受！""多喝热水！"
>
> "老公，我不开心！""多喝热水！"
>
> "喝喝喝，就知道喝水，当我是水桶吗？"

经过了积极沟通的前三步：客观描述事实、体会与表达感受、说出真切需求，我们来到了第四步：**提出请求**，目的是让另一半知道做什么能满足我们的需求。需求一旦得到满足，相对应的负面感受和情绪也就烟消云散了，生活会因而变得更美好。

上面"多喝热水"的对话是网上的一个段子：妻子有各种各样的感受和需求，但丈夫只知道让妻子"多喝热水"。毫无疑问，这位丈夫就是个"钢铁直男"，除了这个原因，还有什么原因导

致妻子只得到了"多喝热水"这种重复的回应呢？简单来说，妻子只表达了感受和情绪，却没有提出具体明确的请求，直男丈夫自然不知道该做什么才能满足妻子，只好用"多喝热水"来应付。可见，表达出了需求还不够，还要学会聪明地提出请求。

如何提出聪明的请求呢？注意以下几点。

1. **不要说不希望对方做什么，而要说希望对方怎么做**。明轩下班后喜欢跟同事喝点儿小酒，雨桐对此就特别不满意，说："我不希望你每天下班都跟同事去喝酒。"后来，明轩改和同事打羽毛球了。雨桐每次做饭都会把厨房弄得乱七八糟，负责刷碗的明轩就抱怨说："你不要每次做饭都把厨房弄得乱糟糟的，收拾起来很麻烦。"从那以后，雨桐就很少下厨房了，不是出去下馆子就是点外卖。只说自己不希望、不想要什么，对方会感到困惑。直接说出希望对方怎么做，对方才知道要做什么。

2. **请求要清晰具体**，不要过于抽象、模糊、笼统。比如，像"我想让你多爱我一点""我想让你多关心我，多陪我"就属于比较抽象的概括，到底怎么算多爱一点，怎么做才是多关心、多陪伴呢？要做到具体清晰可以这么说："我希望睡觉之前咱俩能多聊聊天。""我希望你能每周末留出半天时间，咱们好安排一起出去玩。"这样具体清楚地表达后，对方就知道怎么做了。

3. **提请求而非要求**。为了自己的需求能得到满足，我们要温和而坚定地提出请求。请求是平等的姿态，不是低三下四地摇尾乞求，也不是盛气凌人地要求、强迫、威胁或命令。如果另一半感觉到我们在要求他如何如何，他们就不会心甘情愿地满足我们的需求和期待了。

强扭的瓜不甜，当他们被迫做事满足我们时，心中必然充斥着不快、愤怒甚至是怨恨，而我们希望的是他的行动是主动自愿的，而且是出于对我们的爱。当出现"应该""应当""必须""我要求"等这样的字眼儿时，往往是在提要求而非请求。我们来看一组例子。

> 雨桐说："你必须给我早点回来，如果你做不到就别回来了，回来了我也不给你开门。"（这样的表达是要求甚至是威胁，丈夫听到这话大概率会非常气愤，一场争吵一触即发。）
>
> 雨桐说："亲爱的，晚上我需要你的陪伴，希望你在工作日晚上 10 点前能回家，这样咱俩可以说说话。"（表达了需求，也提出了具体的请求。）

辨别一句话是请求还是要求，还有一招非常好用，就是看请求遭到拒绝后我们的反应。如果对方拒绝了，我们就对其横加指责的话，不管这个请求表达得多么温和具体，仍然是要求。遭到拒绝时，如果能心平气和地接受，并试着体会对方的感受和需求，这就是请求，这样才能打开进一步沟通的大门。因为表达需求和提出请求是我们的责任，对方愿不愿意配合是他们自己的选择。

谁都希望自己的心思另一半都懂，一个眼神、一个动作就能心领神会，这种心有灵犀的默契很美好，但实际情况是另一半不是我们肚子里的蛔虫，没法知晓我们所有的想法、感受和需求。自己的感受和需求要主动说出来，通过提出合理而具体的请求让对方知道，既是对自己负责，也是为感情负责。

至此，积极沟通的核心四步已经全部介绍完了，分别是：描述事实、表达感受、说出需求和提出请求。我们还是用明轩晚回家的例子来把这四步串起来。

雨桐："你天天这么晚回来，我都快被你气死了，说你也不听，以后你必须晚上 10 点前给我回到家，否则我就不给你开门了。"（夸大频率＋指责＋要求与威胁）

雨桐："亲爱的，你最近连续三天晚上都夜里 12 点之后才回来，我有点担心，一个人在家也很寂寞，晚上我需要有时间跟你待一会儿聊聊天，希望你工作日晚上 10 点前能回家，这样睡之前我们至少能有半小时说说话。"（描述事实＋

| 表达感受＋说出需求＋提出具体的请求）

　　如果代入明轩的角色，听到雨桐的哪一段话会更舒服也更愿意交流呢？很明显是第二段话，因为它包含了积极沟通的精髓：第一步描述事实而非消极评判，能够满含善意地开启对话；第二步和第三步是表达自己的感受和需求，这两步是重中之重，练习这两步时，倾向于压抑感受的男性要多多练习体会和表达感受，经常压抑需求的女性要多多练习主动地探索和说出自己的需求。第四步提出请求而非要求，这压轴的一步依然不能轻视，它关系到我们的需求能否得到对方自愿的满足。

　　练习使用积极沟通，也是在修炼如何爱自己。什么是自爱？自爱就是要对自己负责，对自己的言行、想法、感受和需求负责。当我们能够把内心真实的想法、感受和需求勇敢、温和而坚定地表达出来时，就是在对自己负责，这才是真正的自爱。

　　什么是爱他人？爱他人就是带着理解和爱，不带评判地描述事实，能够看见、体会、接纳、理解、同理对方的想法、感受和需求，并且在力所能及、心甘情愿的情况下满足对方的需求。这才是真正地爱他人。积极沟通的终极目的是让双方都能够体现出爱自己和爱他人的心意。

积极倾听：如何应对另一半的批评指责

在刺激和回应之间，人有选择的自由。

——维克多·弗兰克尔（Viktor Frankl）

亲密关系里需要沟通的问题通常有三类。第一类是外部问题：在关系之外遇到了问题、困难、压力等造成了我们的消极感受，比如，被单位领导批评了很难过。这一类问题如何沟通才能增进亲密关系，在后面的章节里会详细说。

第二类和第三类问题都属于关系内部的问题。第二类问题是单向问题：关系里的某一方做的事情引发了另一方的消极感受和情绪，比如，明轩加班很晚才回家，妻子很生气。第三类问题是双向问题：在某些方面，由于两个人的想法、价值观和需求的差异导致的矛盾和冲突，比如，周末到了明轩想要在家休息放松，而雨桐想出去游玩聚会。

我们先来看看如何用积极沟通应对第二类单向问题。单向问题也分成三种情形：第一种情形是另一半的言行让我们不满意了，我们如果主动找另一半进行积极沟通，对方就更愿意一起商量解决问题。

第二种情形是我们做的事情让另一半不舒服了，如果对方也用积极沟通的方法跟我们交流，问题也较容易解决。

比较棘手的是第三种情形：我们做的事情惹恼了另一半，而他们又不懂积极沟通的理念和方法，导致他们一开口就带着情绪批评指责。我们该如何应对这种情形呢？

答案还是运用积极沟通的方式：描述事实、表达感受、说出需求和提出请求，这是解决问题的关键心法。关系里的积极沟通是双向的，有表达，也有倾听。前面的内容我们主要放在表达上：如何表达观察到的事实、自己内心的感受和需求，以及如何提出具体合理的请求。

现在要从表达模式切换到倾听模式，也就是积极倾听。积极倾听就是运用积极沟通的理念，听出对方话里隐藏着的感受和需求，哪怕这些感受和需求隐藏在带刺儿的批评和指责的背后。所以，积极倾听不仅需要带着同理心和善意，还需要很大的耐心和勇气。具体要怎么做呢？

第一步：保持镇静。当对方带着情绪说话时，我们很容易被激发出消极感受，并被对方带进敌对的消极互动模式里。如果想解决问题，就需要保持镇静，不被对方带节奏。心理学家维克多·弗兰克尔（Viktor Frankl）说过："在刺激和回应之间，人有选择的自由。"面对另一半的刺激，我们不选择去辩护、反击或逃跑，而是选择保持理智和冷静。如果确实有情绪了，我们可以做几次深呼吸，暂停一会儿再回应。面对批评指责时，第一步如何回应，会影响接下来的沟通质量。

第二步：看见对方的感受和需求。另一半生气时，请牢记，不是我们的言行导致了他们的生气，而是因为他们的需求没能得到满足。因为他们没有察觉出自己内心的感受和未被满足的需求，才会用批评指责的幼稚方式表达出来，从这一点来看，对方就像个需要帮助的无知小孩。任何一句对他人的批评指责，都是对未被满足需求的可怜表达。

他们暂时没有选择，才会用批评指责的无效方式，呼喊出自己未被满足的需求。我们选择保持镇静而不是反击，是因为我们有选择。我们可以选择去倾听、体会和看见隐藏在批评指责背后的感受和需求，并帮助他们确认和表达出来。举个例子：明轩加完班晚上回到家，看到沙发上一堆的快递，立马脸色变得铁青。下面是他们之间的对话。

> 明轩没好气地说："喂，你怎么又买那么多东西啊？你花钱能不能别那么大手大脚啊，钱是从天上掉下来的吗？你真不知道挣钱有多难。"

回应一

被劈头盖脸说了一顿的雨桐立马火冒三丈："我没挣钱吗？别以为你挣得比我多就可以对我指手画脚的，我天天除了上班，还得做家务，我不累吗？也没人付我钱啊！"

回应二

被说了一顿的雨桐也有情绪，她没着急立马回应，而是做了几次深呼吸冷静下来，然后对明轩说："亲爱的，你是看到了沙发上这么多快递，觉得我是花了不少钱买了很多东西是吧？你这么生气是因为你需要我理解你上班挣钱的辛苦，想让我在花钱买东西前，能跟你商量一下是吧？"

遭到另一半的批评指责时，想做到既不自责，还不逃避，又不反击是真不容易，但我们还是要试着去做。一件值得去做的事情，即使我们做得不怎么样，也是值得的。可以看到，上面的回应一是反击，这会引来硝烟弥漫的"你争我夺"之战。回应二则在试图用积极沟通，找出明轩气话背后的感受和需求。

表达自己的感受和需求尚且不易，要找出他人的感受和需求难度更大，有时候需要好几轮的探索和互动，但这么做是值得的。这个过程也是在引导对方去体会和表达自己的感受和需求，让对方往积极沟通模式里走，当两个人都处在积极沟通的轨道时，沟通就会变得容易、顺畅和有效了。

我经常会想，成年人的亲密关系，有时候和亲子关系有点像，即使都是成年人也不是什么都会，也需要学习。我们作为最亲密的爱人，是否可以临时充当老师，耐心地教对方他不会但需要学习的东西，就像教孩子用筷子一样，他们不可能一下子就学会，但是一旦学会了，就能自主吃饭了。

第三步：体会和表达自己的感受和需求。积极沟通的核心目的是带着爱和理解实现双赢。在倾听和看见另一半感受和需求的同时，也别忘了自己的感受和需求。当对方被消极感受缠身时，说出来的话语和意思往往不准确、不具体，甚至很破碎，这时我们会感到困惑，为了抓住其中的感受和需求，我们可以这么表达："我感觉有些困惑，因为我想知道你说的是具体哪件事情，你哪些需求没被满足，让你产生这样消极的感受？"这样表达自己的感受和需求，一方面是对自己负责，一方面也在帮助对方梳理他的表达、感受和背后的需求。

还有一种情况我们需要及时表达出自己的感受和需求。当一个人情绪上头、失去理性的时候，不管我们怎么积极倾听、反馈和表达，对方依然不停地批评、指责和攻击，此时我们需要及时表达出自己的感受和需求，及时暂停对话。

　　我们既不是毫无感情的机器人，也不是超凡脱俗的圣人，我们是有感情的普通人，一再受到"攻击"会使我们失去耐心和同理心。我们可以这么表达："听到你说的这些话，我感觉很难过、很伤心，也有些生气，因为我需要得到尊重，需要有一个安全的沟通氛围。我希望我们能暂停一会儿，休息一下再回来继续沟通。"

　　卢森堡博士说："我们没办法给予别人我们自己都没有的东西。"在这种情况下，我们要及时勇敢地表达出自己的感受、需求和请求，暂停谈话以避免更大的伤害。双方都需要冷静休息，等消极情绪缓解后再进行沟通，这样才有可能重新回到积极沟通的轨道上去。

　　第四步：耐心引导和表达感激。前三步的难点在于另一半不懂如何积极沟通，而我们则是带着耐心和理解，一步一步帮助对方走入积极沟通的轨道，这并不容易，但非常值得。我们的爱人，虽已成年，但因为各种原因，他们在某些方面还是个孩子。我们要做的不是指责打击他，而是试着把他当成是正在学习、成长的孩子，把他的批评指责当成是气急败坏的孩子能够想到的唯一办法。像引导孩子一样，去引导另一半慢慢学习和习惯积极沟通的方式。

　　在另一半从中得到甜头后，他们就会主动学习和使用了。授人以鱼不如授人以渔，教别人方法，一开始确实要花费不少耐心和心力，但对方一旦学会了，往后的沟通都将变得丝滑而高效。更重要的是，对方学会了，也会经常积极沟通，在沟通中更好地彼此满足，这才是亲密伴侣之间最需要的爱。

当另一半有了一点一滴的改变和进步时，我们应该给予肯定和感激。因为他的调整，沟通变得不那么困难了；因为他的努力，让我们更加了解他内心的真实感受和需求了；因为他的表达，让我们清楚地知道要如何做才能满足他的需求；因为他的改变，让沟通更加愉快、顺利，关系也变得更加温暖而亲密了。下面是一些表达感激的话，我们来感受一下。

> "亲爱的，谢谢你不带指责地说出了发生的事情，这让我看到了要讨论的问题。"
>
> "你能这么表达你的感受和需求，我太开心了，因为我需要了解你的真实需求，才好知道该怎么做。"
>
> "亲爱的，如果你能提出具体的请求而不是直接要求我，我想我会很感激的，会更愿意和你商量怎么做。"
>
> "我知道表达感受对你来说不容易，这一次你做得很好很有进步，你在尝试体会你的感受，并表达出来跟我讨论，我很开心你这样表达自己的感受，真好！"

当另一半气急败坏地指责时，出于理解和爱，我们选择带上积极倾听的耳朵，去细听对方的需求和感受，也同时留心自己的感受和需求。我们越是倾听自己内心的声音，也越能听得见别人内心的声音。爱自己和爱他人是缺一不可的。当我们带着理解与感激的心，去和另一半相处时，他们一定能感受到我们的爱，也能意识到自己的不当言行及需要做出什么样的调整，便会努力做到更好。

积极沟通五步法：不卑不亢的双赢沟通宝典

如果我们能知道伴侣的需求，适当地变换自己的音高、音量、语速或节奏，用辅助的语言让对方分享自己的情绪和状态，努力地满足对方，用爱进行沟通，就可以化解那些伤害性的误解和争吵。

——诺曼·怀特（Norman Wright），

《亲爱的，我们可以不吵架》

解决了第二类单向问题，就轮到了难度更大一点儿的第三类问题：双向问题——由于两个人对事情的看法、需求或价值观念不同而导致的矛盾和冲突。这类问题的特点是"婆说婆有理，公说公有理"，沟通起来就不太容易。复旦大学法学院副教授熊浩，他在沟通课里说过："沟通的目的不是搞事情，而是搞定事情。"在前面的内容里，我们已经打下了积极沟通在"怎么说"和"怎么听"两大方向上的基础，再结合积极心理学，就能实现双赢沟通。

实现双赢沟通的 5 件法宝

凡事预则立，不预则废。不打无准备之仗，良好的沟通也需要事先做好准备工作。在介绍具体做法之前，我们先要挑几件趁手的兵器，它们是积极沟通中会用到的法宝，一共 5 件。这 5 件法宝，能为有效有爱的沟通保驾护航。

第一件法宝：温柔的嘴巴。每个人都要为自己的表达方式和说的话负责，虽不要求做到口吐莲花，但切记不要唇枪舌剑。在沟通过程中，尽量用温柔的口吻和态度来表达自己，如果一上来就是批评指责，那么这场沟通很快会演变成一场争吵。沟通以什么样的方式开始，它大概率就会以相同的方式结束。嘴巴不是用来伤害另一半的，而是用来客观描述发生的事情，表达自己的感受、想法和需求的，说出自己的请求，好让对方更了解和理解我们。

沟通五法宝：温柔的嘴巴、倾听的耳朵、
喊停的喇叭、修复的喷雾、感教的爱心。

第二件法宝：**倾听的耳朵**。如果没学过积极沟通的理念和方法，就有可能会带着情绪说难听的话，此时便需要我们开启积极倾听的耳朵，不把那些难听的话看作对自己的攻击，而是主动"听到"激动情绪背后的感受和需求。当我们看见、接纳并引导另一半探索及表达他自己时，对方就能够感受到自己被深深地理解与接纳。时间长了，他自己说出的话也会变得温柔。

第三件法宝：**喊停的喇叭**。在讨论冲突的过程中，发生剑拔弩张的争吵是很正常的。研究发现，那些婚姻美满的夫妻能够聪明地及时喊停，而糟糕的婚姻则会任由争吵升级，两个人犹如开着一辆刹车失灵的跑车，横冲直撞直至遍体鳞伤。我把及时喊停的能力比作按喇叭，当车上的两个人都放弃了方向盘，进入激烈的攻防战时，任何一方只要能按一声响亮的喇叭，双方就都能回过神来，重新掌控沟通的方向盘，不至于迷失在负面情绪布下的黑暗森林里。

这声喇叭可以是一句话，比如："亲爱的，我们都有点情绪激动了，需要暂停休息一下。"也可以是个暂停的手势。有些伴侣会事先商定好用一个小物件，只要任何一方觉得情绪失控了，就把这个小物件拿出来，表明需要暂时停止讨论。有些伴侣真就买了一个喇叭放在旁边，一旦对方太过激动导致谈话失去了方向，就吹一下喇叭，效果还挺好。

第四件法宝：**修复的喷雾**。因为情绪上头而说出一些伤人的话，真的很难避免。说出去的话，泼出去的水。但如果伤害了对方却不懂得及时修复，裂痕和伤口就会越来越大。不仅如此，遭到攻击受到伤害的一方，也会进行反击，几个来回就会陷入"你争我夺"的消极互动模式里。因此，主动进行情感修复非常重要。

如果不小心说了伤人的话，当自己意识到了或是对方提醒你了，你就需要主动修复并道个歉，比如："亲爱的，抱歉，刚才我说话有点儿过了，我换个表达，我是这个意思……"如果另一半被你说得情绪低落或是哭了，那就走上前去拥抱一下吧。主动修复好比是足球场上的止痛喷雾剂，小伤小痛时有发生，但有了止痛喷雾，就能让小伤小疼及时恢复愈合，沟通才能继续进行。主动修复也是勇敢、有责任心的体现，另一半也会感到很欣慰。

第五件法宝：**感激的爱心**。如果双方都能带着理解和爱心去对待每一次沟通，其过程都不会很长很困难。因为爱对方，愿意温柔地好好说话；因为爱对方，愿意竖起积极倾听的耳朵；因为爱对方，愿意主动喊停及时止损；因为爱对方，会勇敢负责地主动修复；因为爱对方，会对另一半的倾听、理解、接纳、付出、包容和爱意回以真诚的感激。

每个人都希望自己的付出、投入和真心能够被爱人看见、认可和感激。在正式讨论之前、讨论之中和讨论之后，都可以试着捕捉一次机会，表达自己的感谢和感激。在后面的步骤里，我们会看到感激带来的积极能量场。

积极沟通的五步双赢法

就像金箍棒之于孙悟空，有了解决问题的决心，再加上这五件趁手的法宝，我们就可以真刀真枪地干了。想通过积极沟通解决问题，温和与认真的态度是最重要的。想象一下这样的场景画面：一位妈妈在非常生气地训斥自己的儿子，这时邻居来敲门，打开门后立马笑脸相迎地招待邻居。邻居走后，妈妈又恢复了一脸怒气的样子。其实我们并不是控制不住自己，而是不想那么做。真想解决问题，拿出好的态度就等于成功了一半。

沟通前的准备。两个人一起商量，选择一个合适的时间、地点以及要解决的具体矛盾，准备纸笔方便记录。留出两个人都不受打扰的时间，比如，1 ~ 2 小时或是半天，地点也尽量选择适合沟通、氛围好一点的私密场所。除此之外，双方尽量保持还不错的状态，这一点非常重要。任何一方状态很糟或是压力很大，都会影响沟通的效果。有的人遇事等不了，另一半已经很忙很累了，还硬拉着对方沟通问题，效果肯定是事倍功半。心急吃不了热豆腐。

第一步：分享好事和表达感激。第一步先不着急分析、解决问题，营造一个温暖积极的情感氛围更重要。怎么做呢？先轮流分享一件最近几天发生的、开心的好事，事情可大可小，最重要的是这件事带来了积极情绪，比如，吃到好吃的很开心、和朋友一起逛街聊天很满足，这个月升职加薪了，等等。轮流分享开心好事，不仅能调动自己内心的积极感受，还能激发对方的积极状态。

分享完开心好事后，再轮流说一件感激对方的事情，也就是另一半做了哪件事情满足了你的需求，真诚地表达出你的感激。比如，另一半早起做早饭、生病时对方的照顾和陪伴、下班后买了好吃的带回家、主动帮忙做家务、一个安慰的拥抱、送自己去上班、帮着带孩子、温暖的理解和支持，等等。

为什么要相互表达感激呢？一是因为这么做能增进亲密感和信任感，二是这么做可以给爱情账户多存些爱情货币，因为接下来的讨论会出现消极的感受和争论，有了感激这种积极情绪作为基础，双方就不太可能说出伤人的狠话，会更有耐心和包容心去表达、倾听与商量。

当两个人的积极情绪共振时，积极的情感氛围就营造起来了。积极氛围的营造虽然会花费一些时间，但非常值得，不仅能调动双方的积极感受和态度，还能给整个沟通奠定一个温暖有爱的对话基调。这样，两个人就像坐在开满鲜花的花园里，而不是躺在紧张危险的过山车上。

举个例子。第2章里，我们提到雨桐和明轩就周末如何安排存在着冲突：雨桐认为周末应该出去旅游，而明轩则认为周末应该和朋友与家人待在一起。两个人为此没少争吵。学了积极沟通之后，两个人开始认真对待，想要不伤感情地解决问题。我们来看一看他们是怎么做的。

时间和地点的选择：一个周六晚上的时间，两个人都没其他事，地点是家里的餐桌旁。他们换上舒适的睡衣，雨桐还画了一个淡妆，明轩则把灯光调到温馨柔和的亮度，还点了一支让人安静放松的香薰。每个人都准备了一个本子和一支笔，方便记录和分享，与此同时把手机静了音丢在卧室枕头下。

分享好事和表达感激：他们各自花 5 分钟时间写下一件开心的好事和一件感激对方的事情。

雨桐的开心好事：昨天好朋友送我一本关于美学的书，特开心，很早就想买了，结果朋友就送我了。

明轩的开心好事：前天跟好哥们儿出去踢球，踢得很爽很过瘾，配合得很好，我还进了好几个球。

雨桐的感激分享：亲爱的，为了今天的讨论你调了灯光还点了香薰，我感觉特别好，还有点儿浪漫的感觉。

明轩的感激分享：老婆，这周每天早晨你都比我先起床，做早饭，一起床就能吃到热乎乎的早饭，太幸福了。

雨桐和明轩写完之后，轮流分享了自己的开心好事和感激对方的事情。在每个人分享完之后，彼此还问了一些细节，做了几轮互动。第一步之后，因为分享了开心好事，也收到了另一半的感激，两个人都很高兴，脸上洋溢着幸福的笑容，期待着进入下一步。

第二步：**温柔地诉说**。经过事先准备和第一步，把外在环境和情感氛围打造成了积极温暖的状态了，接下来就要切入正题了。为了更好地沟通，双方要轮流充当诉说者和倾听者。我们先来谈谈诉说的一方要怎么说。

怎么说，当然要用上第一件法宝了：**温柔的嘴巴**，按照积极沟通的四大要素来说：客观描述事实、表达感受、说出需求和提出请求。这样的诉说就不会口无遮拦了，对方也能够听得进去。我们来看看雨桐是怎么说的吧。

> 雨桐的诉说："我记得之前有一回，连续3周都是去你朋友家过的周末，我感觉有点儿沮丧和难过，因为我想咱俩能有单独相处的时间，不管是在家还是出去玩。我希望以后每个周末咱们都能一起出去玩玩。"

从雨桐的诉说里，我们看不到任何一丝批评指责，雨桐回顾了之前的周末安排情况，也表达了自己的感受、需求，也提出来了一些请求。至于这样的请求明轩会不会答应，还要在第四步一起商量。温柔的诉说能让明轩比较清楚地了解雨桐的感受和需求，为后续的沟通打好基础。

第三步：积极地倾听。一方在诉说时，另一方要做的就是听。怎么听？召唤出第二件法宝：倾听的耳朵。《高效能人士的七个习惯》作者史蒂芬·柯维曾说："Most of people listen with the intent to reply，but not with the intent to understand." 意思是：大多数人聆听的目的是"怼回去"，而不是真正去理解。而积极倾听则不同，是为了能够真正听见对方的话、听懂对方的心。

日常的对话往往是片段式的、破碎的，还可能夹杂着一些抱怨指责在里面，因为诉说的人其实也在探索和弄清自己真正的感受和需求。作为倾听方，不仅要认真地听，还要能从并不完整，甚至是模糊的话语里找出背后的感受和需求。特别是当对方说话不好听的时候，倾听的一方更需要耐心引导，通过提问和反馈，让对方的注意力回到自己内在的感受和需求上。下面我们来看一下明轩诉说、雨桐倾听的例子。

> 明轩："我记得有一个周末，整整两天我都被你拉去搞什么徒步和露营，差点儿没把我累死。而且我还为此推掉了跟朋友一起打球的活动，都是为了满足你。周末怎么安排老是听你的，我觉得我像被绑架了一样。"
>
> 雨桐："亲爱的，你的意思是周末两天都在外活动，

你会感觉很累是吧？你是不是需要周末留出时间休息放松一下？"

明轩："是啊，平时上班那么忙，就想周末能够有时间好好休息一下。"

雨桐："周末两天都在户外活动，你没法和朋友一起打球了，你的感受是怎么样的？"

明轩："周末不能和朋友一起打球，我会觉得有些无聊，感觉提不起精神来。可能我需要通过和朋友一起运动来恢复精力、放松身心。"

雨桐："是不是周末和朋友一起打球，也能让你和朋友间的友情能够维系？所以你一直说你喜欢周末和朋友在一起。"

明轩："嗯是的，亲爱的，你还是很理解我的，因为我担心朋友之间如果不经常聚聚，关系就会越来越疏远。"

从上面的对话来看，明轩一开始说的话是带有情绪的，但是雨桐开启了积极倾听的耳朵，帮助她不受干扰，通过反馈和提问，引导着明轩表达出了他内心的感受和需求。需求的探索和挖掘也为第四步做好了准备和铺垫。

当然，如果明轩陷在负面感受里出不来，一直带着攻击性和火药味的话，雨桐也需要倾听自己内心的感受，及时地使用第三件法宝：喊停的喇叭，以避免更大的冲突和伤害。喊停之后，可以换一个地方做做深呼吸、身体拉伸或是正念冥想，还可以做一些转移注意力的事情，让自己从紧张情绪中抽离出来。等恢复平静之后，再继续沟通效果会更好。通常的暂停时间至少需要15 ~ 20 分钟。

如果明轩能意识到自己说的话有些过激和伤人了，也可以使用第四件法宝——主动修复的喷雾。主动修复可以快速平息言语刺激带来的情绪波动，能让两个人在保持理智和冷静的状态下继续沟通。

第四步：梳理与商量需求。 经过充分的温柔诉说和积极倾听，双方对隐藏在矛盾背后的需求都有了进一步的探索和了解，接下来就是好好商量解决矛盾的时候了。对比两个人的需求列表，有些需求是冲突的，有些需求则可以找到双方都满意的解决方案。

具体怎么做呢？首先列出自己不能妥协的核心需求，然后再列出可以做调整的次级需求。来看例子里雨桐和明轩的两类需求。

> **雨桐的核心需求**：周末一定要有户外活动，因为她需要通过走出去，保持自由感和探索欲；需要明轩的陪伴。
>
> **明轩的核心需求**：周末的休息要有，好让自己恢复精力；和朋友、家人的相聚也不能少，因为友情和亲情很重要。
>
> **雨桐的次级需求**：户外活动不一定每周都安排，但至少隔周一次；户外活动的时长也可以调整，但不少于半天；户外活动的形式除了徒步、登山、露营、旅游，也可以是公园散步、羽毛球、飞盘之类的。
>
> **明轩的次级需求**：周末休息的时长可调整，但至少要有半天时间在家休息；和朋友家人相聚也不一定要每周都做，保证大概两周一次就行。和朋友、家人在一起的活动也可以灵活安排，除了打球、一起吃饭之外，其他的安排也都行。

我们得明白，每个人的需求都是合理的，都应该得到理解和尊重，而且需求之间没有好坏高低之分，第四步的核心目的就是彼此妥协、包容和协商，通过调整次级需求，来尽量满足两个人的核心需求。

雨桐和明轩的核心需求都很合理，次级需求是有弹性、可做调整的地方。切记不要为了讨好对方或是害怕冲突而委曲求全，因为任何一方压抑自己的核心需求，长期来看都会对关系造成腐蚀和伤害，既是对自己的不负责任，也是对这段感情的不负责任。

雨桐和明轩坦诚分享了彼此的核心需求和次级需求后，两个人达成了一个折中的方案。

> 两个人一人一周轮流负责安排活动，这一周明轩安排先休息好，然后和朋友一起打球，而雨桐则可以报名参加和明轩同一个地方的飞盘活动；下一周轮到雨桐安排，她计划喊上明轩的朋友一起去户外徒步，最后会留出半天到一天时间和明轩在家休息，两个人也能好好待在一起。他们还商量出一个备选方案：周末两天，其中一天两个人自由安排，雨桐可以约自己的朋友去户外，明轩可以选择在家休息或跟家人在一起，然后另一天两个人待在一起，做什么都行。

另一半是我们生命中最亲密的人，我们很愿意为了满足对方的需求去做很多事情，但与此同时，也别忘了自己的需求。长期稳定又和睦的关系，必定是能同时满足双方的需求。在另一半的理解和支持下，一个接一个的需求得到满足时，我们的生命会变得越来越美好。就像花园里的小树苗一样，得到了充足的阳光雨露时，就会生长得越发茁壮和丰茂，生机勃勃。

第五步：表达感激与爱意。当另一半倾听、接纳我们的感受和需求，并且愿意满足我们的需求时，我们要做的，就是表达出自己的感激和爱意，法宝是感激的爱心。表达感激，就是对另一半的倾听、理解、接纳、付出、包容和爱意给予真诚的肯定与认可。具体句式是这样：（1）对方做了什么事让我们的生活变得更美好；（2）因为对方做的事情，我们的哪些需求得到了满足；（3）需求得到满足后，我们的心情和感受是怎样的？

我们来看两个表达感激的例子。

> 雨桐："亲爱的，讨论时你能认真听我说话，理解我的感受而不是着急帮我解决问题，这感觉太棒了，我需要你的陪伴和理解，我感受到被你深深地接纳了。"
>
> 明轩："老婆，轮到你负责安排周末的时候，你考虑到我需要休息，还喊我朋友一起出来徒步，很感激你，这样一来，我既可以陪你，又能够和朋友在一起，而不会面临二选一的艰难抉择，这次我玩得非常开心。"

积极沟通五步法里，第一步积极开头，第五步积极收尾。其实感激和爱意可以贯穿整个过程。什么是爱？如何表达爱意？"爱是一个过程，我们不断达到协调，建立联结，错过或听错节拍，断开联结，修复关系，然后发展出更深的联结。这是一支不断相遇、分离又重新找到彼此的舞蹈，每分每秒都不停歇。"

《如何正确吵架》的作者的这段话，我非常喜欢："爱是一个过程，只要我们用心地带着 5 件法宝去表达、倾听和沟通，过程的每一步都是爱的体现。"沟通的过程并不总是愉快顺畅的，会出现指责、防卫、反击、争吵、冷漠、沮丧、失望、伤心以及反复拉扯与碰撞，但是因为有爱，我们选择统一战线、相互配合，把消极沟通模式看作共同的敌人，手牵手一起走上积极沟通的轨道，给予彼此深刻的满足和爱的滋养。

爱的『开源』篇

充盈爱情账户，让幸福在彼此间流动

几年前流行一首儿歌叫《爱我你就抱抱我》，部分关键歌词在下面。

爱我你就陪陪我　　爱我你就亲亲我

爱我你就夸夸我　　爱我你就抱抱我

如果真的爱我　　就陪陪陪陪陪陪我

如果真的爱我　　就亲亲亲亲亲亲我

如果真的爱我　　就夸夸夸夸夸夸我

如果真的爱我　　就抱抱我

陪陪我　　亲亲我　　夸夸我　　抱抱我

这首儿歌表达的意思超级简单：我是小孩子，不懂什么是爱，爸爸妈妈如果你们爱我，就请这么做——陪陪我，亲亲我，夸夸我，抱抱我。在被问到为什么创作这首歌时，歌曲创作者彭野说这跟他女儿有关。有一次，彭野问女儿想要什么奖励，女儿回答说"多陪我玩一天"，这让彭野很受触动，他说：很多家长会从物质上满足、奖励孩子，比如，买好吃的，买玩具，其实孩子更需要家长爱的关注：多陪陪孩子，亲吻孩子，夸夸孩子，抱抱孩子，这是很普通但却最珍贵的关爱。

亲子关系是这样，伴侣间的亲密关系又何尝不是呢？表达爱，要落到具体的行动上，上面儿歌里的四个关键词就是榜样：

陪陪我，亲亲我，夸夸我，抱抱我，这也是每个人内心真实的呼喊和需要。接下来我们进入爱的开源篇，我会依次介绍开源的四大法则，详细说说如何主动地表达爱和接受爱，让彼此感受到另一半源源不断的爱。

在后面的内容里，你会看到很多具体的实践方法。有的方法简单易上手，有的方法需稍加练习才能掌握，还有的方法有难度，需要投入时间不断练习，才能看得到效果和威力。不管是哪一种方法，也不管它带给爱情账户的是铜币、银币还是金币，都必定会把每一枚爱情货币送到爱情账户里，让我们的爱情和婚姻保持长久的激情、亲密和幸福。

第 4 章

表达喜爱、欣赏与感激：
让关系重新燃起激情花火

FAT 系统：亲测有效的爱情保鲜法

一句称赞的话，可以让我多活两个月。

——马克·吐温

爱的开源的第一个法则，是在亲密关系里建立并强化 FAT 系统。FAT 是由三个英文单词的首字母组成：Fondness（喜爱），Appreciation（欣赏）和 Thanks（感激），也就是在亲密关系中彼此表达喜爱、欣赏和感激，将其充分地融入日常互动中，成为保鲜爱情的好习惯。

FAT 系统很好记，把它看成是英文单词"fat"，这个单词不只是肥胖的意思，还有一个意思是值钱的，它作为动词的意思是把什么养肥了。所以，FAT 系统就是来帮助我们养肥我们的爱情账户，让账户"更有钱，更值钱"的。怎么做呢？很简单，在关系互动的言语与行动上体现出对另一半的喜爱、欣赏与感激。

一对恋人或伴侣从相识、相知到相恋、相爱，最初的吸引就是彼此喜欢，喜欢对方的音容笑貌、妆容服饰、兴趣爱好，甚至是爱屋及乌。除了喜欢，还一定很欣赏对方，比如，待人接物、性格品质、能力潜能等很多方面。在一起的岁月里，彼此都会满心欢喜地为对方做很多事情，也会对另一半的付出心存感激。因此，最开始的那段甜蜜岁月是最让人开心和幸福的。为什么呢？因为那时的 FAT 系统非常活跃且强大。

可随着在一起的时间慢慢变长，激情减弱，柴米油盐日渐琐碎，再加上各种各样的现实压力，FAT 系统也随之变弱甚至慢慢关闭了。以前随口就来的赞美与夸奖也不说了，以前欣赏的优点也变得普通了，甚至让人有点厌恶和嫌弃了，另一半的付出也被认为是理所应当的了。再加上各种矛盾与冲突引发的六大毒素，也都在暗中窥伺，逮着机会就出来大肆祸害一番。久而久之，爱情账户的余额便所剩无几了。

一段关系变质，并不是突然发生的，而是慢慢变坏的。就像没吃完的剩饭剩菜一样，放在那里不管不问，并不会在几个小时后立刻变馊，而是一点一点腐败掉的，最后长出让人恶心的霉菌。变了质的关系会让人难以忍受，一刻都待不下去，只想逃离。让剩饭剩菜发霉变臭的是空气中的微生物，而让关系变质的却是我们自己。

对一桩有活力的幸福婚姻，FAT 系统包含的喜爱、欣赏和感激这三个要素是不可或缺的。一段婚姻如果完全关闭了 FAT 系统，那么这段关系也将走到尽头。我们要重新激活并增强本来就存在的 FAT 系统，给奄奄一息的爱情打一针强心剂，唤起双方心中快要沉睡的爱。

为什么激活 FAT 系统那么重要呢？有以下三大原因。

FAT 系统是强有力的解毒剂。在第 1 章里介绍的六大毒素（批评指责、嘲讽鄙视、自我辩护、冷战逃离、拒绝修复和恶意解读）是毒害关系、偷走爱情货币的元凶，有了强健的 FAT 系统，就能给受伤的部位解毒，还能够抵抗与预防六大毒素的胡作非为。当我们经常向另一半表达自己的喜爱、欣赏和感激时，就不太可能脱口而出那些指责、鄙视的话，也不会动不动就辩解或冷战，而是能倾听对方的心里话，接受情感修复，更不会恶意解读另一半的言行。

FAT 系统能让优点发扬光大。当我们不断对另一半身上的优点、特长表达出欣赏、赞美甚至敬佩与崇拜时，对方就更能认识到自己的优势、潜能，会更有信心和动力将其发扬光大。19 世纪前英国首相本杰明·迪斯雷利（Benjamin Disraeli）曾说："对一个人做得最大的善事，不是给他财富，而是让他发现自己的财富。"我们的欣赏与夸赞，就是在帮助另一半发现他身上最宝贵的财富——能力、优势和潜能。

主讲哈佛幸福课的泰勒·本·沙哈尔（Tal Ben-Shahar）博士在课堂上说过这么一句话："If you appreciate the good, the good will appreciate."意思是如果你欣赏那些好的方面，它就会增长，变多。"Appreciate"这个单词在《牛津英汉词典》里有两个意思：一个意思是欣赏，另一个意思是增长、增值。

存在银行里的钱会慢慢增值，我们欣赏的好的方面也会增长、增值。反过来也成立，那些好的方面如果得不到关注和欣赏，它就会逐渐贬值。在婚姻关系里，老是盯着另一半的不足和缺陷，而不去发现和欣赏其优点与特长，婚姻的质量就会大打折扣。

FAT 系统能够增加亲密感。 你是喜欢那些喜爱你、欣赏你又懂得感恩的人呢？还是喜欢那些对你百般挑剔、看你不顺眼的人呢？答案肯定是前者。当另一半时常表现出对我们的喜欢和欣赏，又对我们的付出表示感激的时候，我们就会觉得对方变得更可爱可亲了，不仅心里乐开了花，还会不由自主地想要靠近他，对他好。

星云大师讲过一个故事：

> 有一对夫妻，妻子每日持家非常辛苦。但丈夫很少表达感激与赞赏。最近几天丈夫回家吃晚餐时发现，每次餐桌上都只有一条鸭腿，丈夫感觉很奇怪就问妻子为什么只有一条鸭腿？妻子说："鸭子不都是只有一条腿吗？"丈夫说："怎么会，鸭子都是两条腿啊。"妻子说："真的只有一条腿，不信，我们去家门口的池塘看一看。"
>
> 丈夫赌气，和妻子一起走到池塘边，发现确实有几只鸭子在池塘边休息。但由于鸭子都是蜷缩着一条腿，用另一条腿站着休息，远远看过去，确实很像只有一条腿。妻子说："你看吧，鸭子都是一条腿吧。"丈夫哈哈一笑，举起双手，开始用力地拍手。掌声吵醒了鸭子，鸭子都放下另一条腿，往边上走开了。丈夫得意地说："你看，鸭子都

> 是两条腿吧，怎么可能只有一条腿呢？"太太不紧不慢地说："是啊，有掌声，才有两条鸭腿。"

　　故事里的妻子用睿智的方式提醒丈夫：我的付出需要被看见、认可并给予掌声。两个人其实都为对方和家庭做了不少，有付出、奉献甚至是牺牲，我们应该怀着一颗敏锐的心和一双善于发现的眼睛，及时给予肯定、鼓励、欣赏和感激。罗兰·米勒（Rowland Miller）教授在《亲密关系》一书里说，想要收获让人满意的亲密关系，有三大秘诀：一是欣赏你的伴侣，二是表达你的感激，三是重复以上两步。

　　现在就来小试牛刀，请你按照下面的方式练一练。请放下书本，拿出手机，编辑一条这样的短信或微信给你的另一半，你会得到意想不到的反应和效果哦。

　　亲爱的，我最喜欢 / 欣赏你的（写上你最喜欢和欣赏另一半的 3 ~ 5 个品质、特点等）。

三维视角：成为爱的侦探，重新认识另一半

　　我们认识了 FAT 系统以及表达喜爱、欣赏和感激的重要性。

其实任何一条喜爱、欣赏和感激的表达，都建立在对另一半了解的基础上。所以，我们要带着好奇心和探索欲，不断了解我们的爱人。任何关系的建立和发展，都必然伴随着对彼此的了解，亲密关系更是如此。

恋爱中，只有相互了解了、熟悉了，才知道彼此是不是情投意合，是不是三观一致。从交往伊始，双方就在了解彼此的经历过往、兴趣爱好、性格气质、品格优势、目标梦想，等等。多方面了解后，双方才能决定要不要一起步入婚姻殿堂，要不要生孩儿养娃。所以，不断地了解彼此，是保持和发展亲密关系的基石，就好像空气和水对于人的意义一样，不可或缺。

你会说我俩恋爱、结婚在一起很长时间了，彼此都很熟悉了。真的很熟悉了吗？其实不然。

首先，不管恋爱谈多久、结婚多少年，你都没法彻底了解另一半。古希腊德尔菲神庙的柱子上镌刻着一句神谕：认识你自己。这也是苏格拉底的至理名言。人认识自己尚且不易，想要在有限时间里完全认识另一个人就更难了，这是持续一生的事。

其次，很多深层次的信息，只有相处久了才能够深入了解到。每个人的内心，都潜藏着自己的故事，有些甚至处在潜意识层面，连当事人自己都不一定清楚。记得我大三的时候，室友出去旅游，向我借我女朋友的相机。和女朋友一起散步时，我说明了室友借相机的请求。我们几个都是彼此熟悉的同班同学，以我当时对女朋友的了解，本以为她会爽快地答应。没想到女朋友一直推拖不想借。我当时就很生气，觉得女朋友太小气。女朋友则觉得我不理解她，就哭了。

当时我挺纳闷，因为她平时挺大方的，为何在借相机这件事情上却这么小气呢？好久后我才知道原因：她小时候曾很大方地把相机借给同学用，但那个同学却把相机搞坏了，她因此受到了爸妈的责备，特别委屈和伤心，这件事给她留下了心理阴影。

当她听到又有人要借相机的时候，痛苦的记忆就被勾了起来，阻碍了她成为一个慷慨大方的人。我在了解了相机背后的深层原因后，就理解了她。若干年后，当又有朋友借她的单反相机一用时，她很爽快地答应了，因为这个心结已解开了。深入的了解会带来深刻的理解，深刻的理解则会带来心灵的慰藉和疗愈。

最后，人总是在不断变化的。以前非常讨厌吃的香菇和榴莲，现在也许变成了最爱；以前性格善良温顺的人，也可能在踏入社会后变得愤世嫉俗、脾气暴躁；以前雄心勃勃的自信青年，也可能会被职场压力打击得颓废绝望、安于现状；以前培养起来的兴趣爱好，可能由于养家糊口、供老养小而被迫放弃，其心中的纠结和不舍也许不会写在脸上……

之所以要时常更新对另一半的了解，就是因为每个人身上都会发生大大小小的变化。打个比方，我们的爱人就是一本很厚、很复杂的书，而且内容还会随着时间不断变动、更新。因为厚，所以你要读很长时间，可能是一辈子；因为复杂，所以有些地方不好懂，你需要带着好奇心和耐心细细品读；因为会变化，所以读一遍是不够的，你需要经常翻阅，实时更新。

另一半就像一本很厚的书，内容还会变。
需要我们经常翻阅，耐心品读。

广度、深度和温度：用三维视角，了解你的爱人

《幸福的婚姻》一书里有一个医生，结了婚有了孩子后依然

醉心于工作，对家庭和妻儿知之甚少。能少到什么程度呢？他竟然不知道自己家的宠物狗叫什么。结果妻子受不了了要离婚。你可能会想：我对我家那位很熟悉、很了解。真的吗？口说无凭，这里出几道题测一测，请听题。

> 1. 说出另一半的三位好朋友的名字。
>
> 2. 列出另一半最不喜欢的三个人。
>
> 3. 想出另一半最喜欢吃的三道菜。
>
> 4. 举出另一半最喜欢看的三部电影。
>
> 5. 写出另一半最喜欢听的三首歌曲。

怎么样？这几道题目没有难倒你吧。挑战升级，再来几道题。

> 1. 最让另一半感受自豪的是什么事情？
>
> 2. 另一半近期和长远的目标是什么？
>
> 3. 什么事会让另一半感到兴奋？
>
> 4. 生命中，最让另一半感到受伤的是什么事情？
>
> 5. 另一半心中最理想的工作是什么样的？

这几道题是不是就没那么好回答了呢？有很多深入的话题，

如果平时不花时间去聊去谈，就根本不可能有清晰的了解，顶多有个模模糊糊的印象，还不一定准确。持续了解另一半很重要，那么我们都要了解什么呢？我们可以从三个维度入手，把这个过程看作画一幅时常更新的三维立体式爱情地图，地图里的三维结构和每一个细节，都是你对另一半全面、深入的了解。这三个维度分别是：广度、深度和温度。

广度：也就是上面第一组提问涉及的信息。这方面信息相对简单，只要双方经常在一起聊天交流，就很容易知道。广度的特点就是广，也就是量大。了解起来虽容易，但因为量大，也需要花费不少的时间和精力。

深度：就像上面第二组提问涉及的信息，涵盖了另一半的性格、目标、梦想、信仰、价值观、抱负、压力等方面。因为深，了解起来也不容易，我们就需要耐心地深入对方内心，才能一探究竟。深入的了解才能带来深刻的理解，深刻的理解能让我们更加信任、亲近彼此。

温度：如果把另一半比作成一条又长又深的河流，那么这条河流除了广度和深度，还有温度。这里的温度包括温暖的部分和寒冷的部分。温暖的部分是指另一半的志向、梦想、希望、特长、优势、成就等，那些能让他发光发热的积极面；寒冷的部分则是指另一半的创伤、脆弱、压力、失败、烦恼、痛处、雷区等，那些被他极力掩藏的消极面。

温度的另一层含义是：作为对方最亲密的爱人，我们要带着一颗有温度的心，去满含兴趣与好奇地探索对方的广度和深度，去欣赏与支持那些温暖的积极面，去理解和接纳那些寒冷的消极面。《懂得爱：在亲密关系中成长》一书里有这么一段话说得非常好："当人真的对自己和对方感到好奇，关系就能像盛开的花朵，不需要为任何事情内疚或受到责备。如果双方都不会试图控制彼此，就能对彼此有真诚的兴趣，爱和活力得以在其中展现。"

大学毕业时，我和女朋友去办理毕业的各种手续，跑了一整天，累得一点力气也没有了，准备买些吃的就回去休息。我不小心把滚烫的面汤洒在了一位女士的脚上，我当时说了声"对不起"，但那位女士的男朋友依然不依不饶，对我推推搡搡，我虽然练过武术，却并不想把事情闹大，就没还手。这下好了，女朋友看到我被欺负，瞬间就被激怒了，把买来的烫伤药和面条狠狠地摔在了地上，喝退了那两个得理不饶人的家伙。

那是我第一次看到女朋友如此勇猛，还是为了不让我受欺负，那天晚上我在她怀里哭得像个小孩子。我为什么哭？因为这事让我想起了初中时的一段创伤记忆：我曾因不小心绊倒了一个小混混，被扇了两个耳光。中国青年作家里则林说过这样一段话，我非常喜欢："让我们决定彼此靠近的，是表面的阳光；但让我们决定彼此亲近的，却是内心的脆弱。"因为这件事，我们俩对彼此都有了更深入的了解，深刻的理解也让我们的关系更近了。

持续了解另一半，可以从广度、深度和温度三个维度去打造一张立体爱情地图，有了地图，就不会迷路。爱是好奇心，是感兴趣；爱是有关注，是能理解；爱是肯接纳，是全面而深刻的了解。有一首美国歌曲就叫"*To know you is to love you*"。恋爱时，因为了解才选择去爱；结婚后，因为爱，更要去了解。

优势约会：滋养关系的浪漫习惯

上面我们说到，要看见和欣赏另一半身上那些温暖积极的方面，其中最为重要的就是对方的优势。采用优势视角去探索、发现和发挥每个人自身的能力和品格方面的特长与优势，这是积极心理学最核心的理念之一。由于负面偏好的进化心理机制，我们会把更多的注意力放在那些负面消极的、可能会带来威胁与伤害的事物上。认识到负面偏好的存在后，我们就可以主动扭转，并改变我们的视角，从负面偏好转变为优势取向。

如果让你说出自己的缺点和不足，估计你能不加思考地说出一箩筐。但如果让你找出自己身上的特长和优势，你或许犹豫半天才能找出几个，而且还很不好意思说出口，对吧？之所以会这样，是因为长久以来我们已经习惯盯着自己的缺陷和不足，而不是看见自己的闪光点。把这种习惯带到亲密关系里，我们就会不自觉地盯着另一半身上的缺点、不足和毛病，把批评指责当作改造对方的工具，而不是拿着放大镜，像侦探一样发现对方的优点。

为了打造亲密幸福的关系，我们需要带着放大镜和一个笔记本，去发现和欣赏另一半的优点与特长，找到他们的优势与潜能，并记录下来做成优点清单。当我们这么做的时候，另一半会非常开心，会更经常地使用和提升自己的优点，他们反过来也会对我们这么做。

如何找到自己的特长和优势呢？除了你自己和他人的评价和反馈，还可以采用科学的测量方法。心理学领域有不少测量能力和优势的量表，比如，优势识别器、品格优势与美德问卷等。积极心理学之父塞利格曼和彼得森两位教授，带领众多心理学家一起研究，提出了六大核心美德（Virtues），在每种美德之下包含若干种品格优势，一共 24 项品格优势（Character strengths）：

- 公正美德包含合作、公平、领导力；

- 勇气美德包含勇敢、诚实、热情、毅力；

- 节制美德包含宽恕、谦逊、审慎、自我调节；

- 仁慈美德包含爱与被爱的能力、善良、社交能力；

- 智慧美德包含创造力、好奇心、批判性、好学、洞察力；

- 超越美德包含感恩、对美和卓越的欣赏、灵性、幽默、希望。

图 4-1　六大美德与 24 项品格优势

这套品格优势与美德问卷会测量出我们的前五大品格优势，也就是我们最显著的优势。我自己测出来的前五大优势是：公平、善良、毅力、好学和灵性，当我知道自己拥有这些显著优势的时候是非常开心的。这套标准问卷一共有 240 道题，可以进入我的微信公众号【幸福家庭教育阿康老师】，回复关键词"优势"，获得测量问卷的链接。

上面这套 240 题的问卷做起来有点耗时费力，也存在跨文化和不稳定性等问题，后来的心理学家在其基础上进行了改进和优化，形成了 96 道题的中文长处问卷（Chinese virtues questionnaire），它能测量三大长处和 24 项品格优势，更适合中国人。具体的三大长处和 24 项品格优势如下：

- 亲和力（Caring）长处：善良、合作、公平、感恩、诚实、领导力、爱与被爱的能力、宽恕。
- 求知欲（Inquisitiveness）长处：热情、希望、洞察力、幽默、勇敢、灵性、好奇心、创造力、社交能力、对美和卓越的欣赏。
- 自控力（Self-control）长处：毅力、审慎、谦逊、好学、批判性、自我调节。

表 4-1　三大长处与 24 项品格优势

Kindness 善良	Teamwork 合作	求知欲 Inquisitiveness		Zest 热情	Hope 希望
Fairness 公平	Gratitude 感恩	Perspective 洞察力	Humor 幽默	Bravery 勇敢	Spirituality 灵性
Honesty 诚实	Leadership 领导力	Curiosity 好奇心	Greativity 创造力	Social Intelligence 社交能力	Appreciation of beauty 对美和卓越的欣赏
Love 爱与被爱的能力	Forgiveness 宽恕	Perseverance 毅力	Pridence 审慎	Self-control 自控力	
Caring 亲和力		Humillty 谦逊	Love of learning 好学	Judgement 批判性	Self-regulation 自我调节

心理学家认为，每一个人身上都有这些品格优势，只是在不同的人身上每一种品格优势的强弱有所不同。那些相对较弱的部分我们不会将其称之为缺陷，而是把它们看成是还没有培养成足够强的优势。这也是从优势视角，重新看待人人都有的缺点和不足。我们要做的是找到自己最强的优势，并在生活中经常地使用它。在关系里，伴侣之间要去发现和鼓励彼此都去发掘和发挥自己的优势，并给予彼此真诚的欣赏与赞美。

优势约会：三个游戏，助力保持爱情活力

在亲密关系里，我们如何运用优势视角增强爱情活力呢？心理学研究表明，当我们能够发现并欣赏另一半的特长和优势时，我们会变得更加开心，心理需求也能得到更好的满足，而且还会有更高的满意度。具体怎么做呢？答案是优势约会（Strengths Dates），就是以优势为主题的约会，而不是平常的吃饭、看电影。

伴侣之间如果不时常抽时间进行约会和深度交流，关系就会慢慢变疏远。优势约会能够让两个人在一段约定好的时间里，把注意力都放在彼此的积极特质上，而不是鸡毛蒜皮的问题和矛盾上。沟通问题和解决矛盾肯定很重要，我们在积极沟通那一章详细阐述过，但是把时间投入在对方和关系里的积极方面同样重要。

优势约会是塞利格曼教授研发出来的，下面介绍三个具体的活动，分别是：优势聊天（Strengths Conversation）、优势故事（Strengths Stories）和优势合作（Strengths Cooperations）。

优势聊天：抽出一段不被打扰的时间，一起测一测各自的优势，比如，用上面介绍的 24 项品格优势问卷。测完后会拿到一个优势清单，上面会有自己的显著优势。彼此分享自己的优势清单，看看两个人的优势清单有哪些相同的地方，有哪些不同的地

方，有哪些优势是自己没有想到的。说一说，对方的哪些优势深深地吸引着你，让你非常欣赏，并举出具体事例说明。

优势故事：第一步，选择一个你的显著优势，想一想你以前是如何使用它的。第二步，选择一个特别的场景或故事能够体现你这个优势，把它写下来。第三步，彼此轮流分享自己的优势故事（如果你现在是单身也没关系，可以讲给自己最亲密的朋友或家人听）。

讲述优势故事时，先别告诉另一半这个优势是什么，让对方先猜一猜，这样能增加互动的趣味性，说不定对方能从故事里发现你更多的优势。倾听对方的优势故事时，一定要专注投入，不插嘴不打断，多用一些开放式提问让另一半多说一点。另一半说完后，我们把从故事中发现的优势说给他听，可以是一个也可以是很多个。

优势合作：从你俩的优势清单里各选择一个显著优势，一起想一想哪些活动能同时用到这两个优势，确定之后付诸行动。活动结束后，坐下来聊一聊：这项活动是如何发挥你们彼此的优势、一起合作进行的？你们在活动中各自有什么样的收获和感受？你们还有哪些可以提升改善的地方？

优势合作的活动如何挑选，还可以换一个思路，先罗列出两个人共同的兴趣爱好，也就是那些两个人经常一起做的事情，比如，一起做家务、烹饪美食、徒步旅游、看书学习、慈善公益，等等，每次从中选出一项活动，仔细思考一下在这项活动中，双方的哪些优势已经应用其中了，还有哪些优势可以增添进去。这么做可以让活动变得好玩有趣，还能充分发挥彼此的优势，共同体验一项活动，完成一项任务或达成一个目标。

我认识一对夫妻，他们特别喜欢旅游。妻子是比较有好奇心、喜欢探索的人，还特别喜欢做旅游计划和攻略，而丈夫是非常有艺术范儿的摄影师，想象力和创造力都很强。恰好两个人又都非常爱吃，他们就充分发挥了各自的独特优势，经常一起出去旅游，走遍全国各地，不仅吃遍了天下美食，还拍了很多艺术摄影照片。他们把照片和旅游攻略发到网上，很多人都很喜欢。

现任美国宾夕法尼亚大学积极心理学硕士项目负责人的詹姆斯教授，和他的妻子合写过一本书叫："*Happy Together: Using the Science of Positive Psychology to Build Love that Lasts.*"。[1] 书中提到很多让伴侣们开心的方法，还强调幸福的婚姻不仅仅是一起开心（Happy Together），还要能一起成长（Grow Together）。当我们采用优势视角去经营亲密关系时，收获的不仅仅是开心与幸

---

[1] 幸福相处：用积极心理学建立长久的爱。

福，还有自我的发展和成长。

优势识别器的研发者、盖洛普公司前董事长唐纳德·克利夫顿（Donald Clifton）曾说："生命中真正的悲剧，不是我们每个人没有足够的优势，而是我们没有使用它们。"当以优势视角进行日常互动和浪漫约会时，不仅能让我们更全面地认识自己的优点，还能帮助我们进一步了解爱人身上的美好与优秀。双方能够从中感受到彼此的看见、认可、欣赏、理解和关爱，建立起更加深刻的积极联结。

行动指南：8 周爱的练习，持久丰盈爱情账户

金子般的美妙时光曾在生命中荡漾，我们却视而不见，任凭沙石掩埋；天使曾降临我们身边，我们却浑然不觉，唯有她离去时才恍然醒悟。

——英国著名女作家乔治·艾略特（George Eliot）

想要激活、维持和增强我们的 FAT 系统，就需要在全面深入地了解和优势视角的基础上，用语言和行动表达对彼此的喜爱、欣赏和感激。

对于调情式的情话，你会觉得肉麻说不出口，其实爱的表达，不见得是甜言蜜语，更多的是普通平常但真心实意的一言一行。表达喜爱、欣赏和感激可以从下面这五条开始着手。

（1）表达对另一半内在和外在的喜爱：比如，做饭好吃、人美心善、衣服好看，积极乐观，等等。

（2）表达对另一半特长和优势的欣赏：比如，对方有责任心、善良、勇敢、细心、温暖，等等。

（3）感激另一半对你的好：比如，买好吃的给你、生病时照顾你、伤心时安慰你、开心时陪伴你，等等。

（4）感激另一半对你们关系的付出：比如，操持家务、挣钱养家、安排烛光晚餐、计划结婚周年活动，等等。

（5）感激另一半为你的家人、朋友、亲戚的付出：比如，看望你父母、帮助你朋友，等等。

下面介绍三种表达方法：直白表达、具体表达和特殊表达。

直白表达：就是很直接的表达，比如，"我爱你""我喜欢你""你真好""你真可爱""我想你""你好美""你真帅"，等等。除了语言还可以用行动来表达，比如，平常日子里买花买礼物、经常拥抱和亲吻。直白表达不涉及具体的事情，就是纯纯的爱的输出。

具体表达：就是在表达时有具体的事情或例子。比如，你很喜欢另一半新买的衣服，夸漂亮帅气；另一半做了一件展现出他优势的事情时，给予及时的欣赏与赞美；当对方做了值得你感激的事情时，及时主动地表达自己的感激，让另一半感受到你的看见、认可和心意。

在夸奖这方面，除了夸已有的优点和品质，还有一点很重要，就是夸对方的进步。比如，从之前只会乱扔袜子，到知道放进脏衣筐里了，这就是进步。这需要我们有一点耐心，很多事情不是一下子就能做好的，需要给另一半留出改变和进步的时间。夸进步可以让对方心甘情愿地越做越好，还有可能培养出以前没有的优点和能力。好品质、好习惯都是夸出来的。

讲个故事。丈夫和妻子去岳父岳母家吃饭。妻子把鱼刺鱼骨直接丢在了餐桌上，但是下面垫了一张餐巾纸。岳母看到了说："鱼刺直接丢进残食盒里啊，你这手边不就有一个吗？"丈夫笑着说："她这有进步，以前都是直接吐在桌子上，今天垫了纸巾呢。"妻子也很开心地做了个鬼脸，主动把手边的鱼刺收拾到残食盒里了。

特殊表达：在特殊的日子或场合的表达，或主动安排一些平时不常做的特殊活动。制造小惊喜、邮寄一封情书、写一封感谢信当面读出来、精心设计的激情之夜、各种纪念日里送礼物或安排浪漫约会，等等，这些都能让另一半感受到满满的欣赏、感激和爱意。

特殊场合需要特殊表达。当两个人意见不合、争执生气时，含有爱意的特殊表达往往能够化腐朽为神奇。比如，这些话语："亲爱的，我不跟你争，你长得好看，说什么都对。""亲爱的，你的建议很好，我需要考虑一下。""亲爱的，虽然我跟你的看法不一样，但我依然爱你。""我为我刚才情绪激动道歉，谢谢你及时提醒了我。"

是不是看到了情感修复的影子？没错，情感修复就是一种特殊情景下的特殊表达。如果另一半已经非常委屈、伤心或是哭了，那就去给个爱的抚摸或是拥抱吧。这么做更能让另一半感受到你的理解、接纳和爱意。关系再好也都会有矛盾、冲突，这么做会让两个人更容易沟通，不至于发展到剑拔弩张、针锋相对的局面。

8 周行动重新激活 FAT 系统，找回亲密无间的感情

上面介绍了如何激活和增强 FAT 系统的三种表达方式，也许

你还有点困惑具体该怎么做？因此你可能想要一份详细的行动指南，让你在日常生活中练习对另一半的喜爱、欣赏和感激。下面这份详细的 8 周行动指南可以满足你。

每周的周一到周六这 6 天里，每天一个小行动。周日休息一天，进行梳理总结，看看自己有哪些做得好的地方和需要调整改善的地方。每周 6 次爱的小行动里包含着表达喜爱、欣赏和感激三大方向的练习，也就是 FAT 系统的三大主题。练习得越认真，练习得越多，FAT 系统就越强大，你们的关系就会越亲密、越幸福。

第 1 周

1. 找到一个你觉得对方"很男人 / 很女人"的地方，告诉另一半你很喜欢。

2. 给开门回到家的另一半一个大大的拥抱。

3. 写一个另一半身上你最欣赏的能力并告诉他。

4. 用便利贴写下你最欣赏的另一半的性格的三个方面。

5. 买一个另一半喜欢的美食 / 书籍 / 小物件 / 衣服等送给他。

6. 想出一件你最感激另一半做的事情，并告诉他。

第 2 周

1. 想出一个另一半最让你心动的时刻并告诉他。

2. 不在一起的时候给另一半发个短信说："亲爱的，我想你。"

3. 想出一个另一半身上最闪光的优势或特长并告诉他。

4. 找出一件另一半非常支持你的事情，告诉他并表达感激。

5. 回忆一件另一半帮助过你朋友的事情，告诉他你很感谢他这么做。

6. 陪伴另一半一起做一件他最喜欢做的事情。

第 3 周

1. 找一个另一半身上的可爱之处并告诉他。

2. 晚上睡觉之前跟另一半说："亲爱的，晚安。"

3. 写一个另一半身上你最引以为豪的品质并告诉他。

4. 回想一个关系里让你很感动的时刻，并告诉另一半。

5. 选择一件另一半送的、你最喜欢的物件，告诉对方你感觉自己被深深地爱着。

6. 特殊的日子，为另一半准备一个惊喜的礼物。

第4周

1. 选一个另一半身上最吸引你的身体特征并告诉他。

2. 在便利贴上写下一件另一半最让你感到钦佩的事情，贴在家里显眼的地方。

3. 找出一件另一半帮助你减压的事情，告诉对方你很感激他这么做。

4. 感激另一半对你的兴趣、目标和梦想的支持，举例说明并向他表达感激。

5. 写下一条你最欣赏的、另一半取得的成就或是达成的目标。

6. 选一个你们都喜欢的游戏或活动一起去做。

第5周

1. 邀请另一半坐下来一起聊聊你们初次见面的场景。

2. 想出一件之前遇到的难题或困难，但另一半成功地解决了它。

3. 回忆一段你最难熬的时光，但另一半一直在你身边，告诉他你很感激他的陪伴和支持。

4. 想一件另一半站在你的立场，支持你一致对外的事情，告诉对方你感受到了他坚定的支持，很有安全感。

5. 写下一件两个人发挥优势、一起配合完成的事情，微信发给对方。

6. 计划一次外出旅游，去的地方是另一半最想去的或是你们俩最想去的。

第6周

1. 回忆一次另一半做的、你最喜欢的抚摸或亲吻。

2. 找出一件另一半做得最让你感到意外惊喜或是刮目相看的事情，并告诉对方他很棒。

3. 回想一段你们俩最艰难的时光，一起说说你们是怎么挺过来的。

4. 回忆你印象深刻的一次生病经历，感激另一半的照顾、安慰和陪伴。

5. 列举一件体现另一半对你缺点包容和接纳的事情，并为此表达感激。

6. 精心安排一个激情之夜，享受两人独处的温存。

第 7 周

1. 在便利贴上写"亲爱的，我喜欢你"，然后贴在家里的某个地方，等待对方去发现。

2. 回忆一件另一半曾经做过的帮助家人、朋友或是陌生人的事情，告诉他你很欣赏他这么做。

3. 找出一件另一半为你们小家庭辛苦付出的事情，告诉对方你很感激。

4. 回想一件另一半为你爸妈做过的事情，告诉他你很感谢他这么做。

5. 感激另一半对你所犯错误的谅解，举例说明并告诉对方。

6. 给另一半写一封深情款款的情书，邮寄到他的办公室。

第 8 周

1. 回忆一段你们俩最甜蜜的时刻并一起聊聊。

2. 认真思考并在便利贴上写下你最欣赏和钦佩另一半身上的 5 ~ 10 个优点。

3. 回想两人一起商量解决的问题、矛盾和冲突，为对方的耐心倾听和理解支持表达感激。

4.找一个双方都方便的时间，认真投入地倾听另一半的优势测试结果。

5.写一封感谢信，用信封装好邮寄给另一半。

6.邀请另一半一起从手机或相机里，选择两个人最喜欢的 10 ～ 20 张照片做成相册。

每周 6 天的练习里都含有表达喜爱、欣赏和感激三个方面，有的练习是想一想和说一说，有的练习是用便利贴、手机或信纸写下来给对方，有的练习是直接策划和安排活动。这 8 周共 48 条爱的行动只是抛砖引玉。每个人所在的亲密关系都是独一无二的，很欢迎你把这些行动指南调整成适合你们的方式，相信你们也一定能够想出更多更好的关于喜爱、欣赏和感激的爱的行动。

为什么要练习 8 周呢？因为养成一个好习惯平均需要 1 ～ 2 个月的时间，这 8 周认真练习下来，会让 FAT 系统保持在一个非常活跃的状态，我们也就能很自然、很主动地表达喜爱、欣赏和感激了。这个好习惯一旦形成，爱情货币就会从四面八方嗖嗖地飞进爱情账户里了。爱情账户会越来越"胖"（fat），你们的关系也就会越幸福甜蜜。

有人会觉得这些练习不难，但有人会觉得好难啊！这取决于你和另一半当下的关系状态和感情状况。按照关系的好坏程度，婚恋状态有三种类型。

- 第一类：两个人关系很好，过得很幸福。
- 第二类：两个人关系一般，没有什么争吵，但也不亲密，搭伙过日子，平平淡淡。
- 第三类：两个人关系很糟，争吵、冷战不断，一提起对方，总体感觉是消极负面的。

这激活 FAT 系统的 8 周行动指南练习对这三类关系都有效果。在第一类幸福的关系里，两个人已经养成了彼此表达喜爱、欣赏和感激的好习惯，这也正是他们能够长久幸福的原因之一。8 周练习能够帮助他们好上加好。如果你们属于这一类，也可以从中挑选适合你们的行动，给你们的关系锦上添花。

对于第二类平淡的关系来说，8 周练习做起来会稍有困难。因为平时很少做，所以做起来不习惯，会很别扭，甚至会觉得很做作。但如果能坚持做 8 周，养成好习惯，会对关系的改善有非常大的帮助。践行 8 周练习，带给这一类伴侣们的收益最大，效果最好。大家可以试试看。

对第三类糟糕的关系来说，练起来就挺困难了。当关系糟糕到一定程度，双方对彼此满脑子都是负面的印象和看法，很难看到彼此身上好的一面，此时不说伤人的狠话就不错了。但大家依然可以尝试在双方都平静的时候，做这个练习。冰冻三尺非一日之寒，关系解冻、升温也需要时间。也许对方会对你的努力不理不睬，请相信"人心都是肉长的"，爱虽微弱，但依然存在。持续不断地表达喜爱、欣赏和感激，就能让埋于地下的爱的种子生根发芽，开出美丽的花朵。

西方神话故事里有这么一则：说骑士要娶一位年轻的女巫。但是女巫每天有一半时间是貌美如花的美女，另一半时间是年老色衰的巫婆。女巫让骑士选择："你是想让我白天做美女，晚上做巫婆，还是白天做巫婆，晚上做美女呢？"如果你是骑士你会怎么选择呢？不管你怎么选，你都不可能避开女巫会变成巫婆的那一面。

这则神话故事告诉我们，爱一个人就要接受对方的全部。每个人都既有优点又有缺点，就像年轻的女巫一样，既有美的一面，又有丑的一面。如果我们只想要另一半的优点，而不愿意接受其缺点，或是想改造对方，烦恼忧愁就会加倍，纠结痛苦也会时刻伴随。我们要做的是开启积极视角，用行动表达我们的喜爱、欣赏和感激。

有人说，婚姻维持一年靠的是激情，维持三年靠的是责任，维持七年靠的是忍耐。然而，激情会消退，责任让人疲累，忍耐无法长久。事实上，长久幸福的婚姻靠的一定是对彼此的喜爱、欣赏与感激。只有这样，我们才能在相互对视的时候，眼里有光，心中有爱。

愿你们结婚多年，依然能彼此陪伴，牵手坐看日月变迁。

第 5 章

尊重与接纳：
打造和谐亲密关系的稳固基石

权力共享：家里到底谁说了算

如果你看过《狮子王》，一定记得，作为首领的雄狮，不仅英勇，而且对小狮子非常和蔼。但如果你看过真实的狮群纪录片，你就会发现雄狮子不仅不是慈父的形象，反而非常凶暴，特别是在进食的时候。一个狮群通常是由一只雄狮、几只雌狮和若干只小狮子组成。雄狮负责保护领地，保障家人的安全，不受其他狮群以及鬣狗等食肉动物的侵扰。雌狮们负责照顾幼崽和追捕猎物。在几只雌狮耗尽力气地捕获一头野牛后，却不能立刻享用大餐。

为什么呢？因为雄狮首领作为一家之主，要先吃，而且是独自进食。你会奇怪为啥一家人不一起吃呢？这是因为狮群特有的权力等级。进食顺序是这样：雄狮先吃饱了，雌狮们和幼崽们才能去吃。如果是个小猎物，雄狮一口气全吃了，雌狮们和幼崽们只能饿肚子了，还需要雌狮们重新找吃的。雄狮进食时，如果哪个不懂事儿的小狮子胆敢靠近偷吃一块肉，有可能会被雄狮一爪子扇晕，亲生的也不会手下留情。

人类社会权力分配的三个阶段

狮群家庭里雄狮具有至高无上的权力，说什么就是什么，母狮子和小狮子必须听，否则就会受到惩罚。现代婚姻家庭呢？其实也存在着权力等级的现象。你会想现在社会都男女平等了，哪有什么权力等级呢？此言差矣，现代婚姻里依然有，而且还挺普遍，只是比较隐蔽。

一旦有等级划分，就会有权力滥用的现象，极端例子就是家暴。被家暴的女性比例要比被家暴的男性多很多，她们往往处在家庭权力结构的最底端，当丈夫用极端的方式使用权力时，权力就极易演变成暴力。有一项美国的大型调查结果表明：每 4 对伴侣里就有 1 对会发生某种形式的暴力。

为什么现代社会一直提倡男女平等呢？恰恰是因为存在不平等，所以才要大力提倡两性平等。性别不平等现象，从人类原始社会开始就一直存在。

目前全世界还没有完全实现男女平等，但世界各地都在提倡男女平等。现在是从父权社会到平权社会的转变过渡期。不可否认，男女平等是社会发展与进步的大趋势，只不过要实现两性完全平等需要一个过程。

三种类型："钻石王老五""气管炎"和平等合作型

今天，虽然有些地区和领域确实还存在男女不平等现象，但大多数人都认可了男女平等的观念。这种观念会渗透到婚姻家庭生活中，但具体到每一桩婚姻，情况还是多种多样的。想一想，家里谁管钱？谁当家做主说了算？重大决定又是谁来拿主意？有没有哪一方一旦决定做什么，谁说也没用？

按照家里谁做主，谁说了算，一般有三种类型的家庭：

- *"气管炎"（妻管严）型：这种家庭往往是女强男弱，男方很怕老婆，女方比较有"权力"；*

- "钻石王老五"型：这种家庭则是男强女弱，男方挣钱比女方多很多，男方更有"权力"；
- 平等合作型：夫妻俩遇到事情会一起商量，共同做决定，夫妻关系和家庭氛围很和睦温馨，双方是平等的，权力是共享的。

什么是权力共享？简单来说就是，事情不是由一个人说了算，双方愿意接受另一半的影响。对于家里的大事小事愿意和另一半共同商量。小到下馆子要吃什么，大到要不要生二胎三胎。

"气管炎"型、"钻石王老五"型和平等合作型，你觉得哪种类型的婚姻最幸福呢？

不管是"气管炎"的女强男弱，还是"钻石王老五"的男强女弱，因为存在权力的你高我低，总有一方因受压抑而不能发挥出其自身的全部力量。弱势的一方说啥做啥都没有一点儿影响力，幸福感肯定不高。平等合作型婚姻不一样，两个人共享权力，愿意接受对方的影响，尊重另一半的想法、感受和需求，共同商量后再一起做决定，每个人的优点、才能和主动性都能得到充分的调动和发挥，携手共创幸福的生活。

平等合作型婚姻里，另一半既不是颐指气使的领导，也不是言听计从的下属，而是站在同一战壕里的、值得信赖的亲密"战友"。两个人的智慧叠加，默契配合，总好过一个人的专横与一意孤行。这样的关系更加和谐、亲密、幸福，也能更好地应对婚姻里的冲突和矛盾。

幸福就是：我扫地来你做饭，孩子一旁玩和看。

女性旧观念的解绑，男性让渡权力的挑战

平等合作型既然这么好，为什么还存在"气管炎"型和"钻石王老五"型的婚姻呢？重要原因之一是旧文化观念的影响。现代社会是父权社会到平权社会的转变过渡期。几千年来的父权社会旧观念认为，男性拥有更多的权力和话语权，处于核心地位，

女性则处于服务和从属地位。现如今，女性的力量正在势不可挡地崛起，男女平等正成为一种被普遍接受的观念。

但这种转变还在进行中。有句话说得好，想要改变，思想先变。想要打造平等合作型婚姻家庭，需要男女双方都做好观念上的转变。女性，不再认为自己只能处于从属地位了；男性，不再认为自己就应该比妻子拥有更多的权力了。只有这样，才能构建好一个平等合作型的家庭。

女性改变观念的阻力不小。不少女性仍旧因处境使然遵循着旧观念，认为自己就要听丈夫的。但近年来，女性观念的转变速度在加快。

面对转变，更要做好心理准备的是男性。在转变的过程中，女性会获得更多的权力，男性则会让渡一些的权力。不少男性就算观念上已经转变和接受，但行动上往往会滞后很多。他们表面上接受男女平等，但做起事情来仍在遵循蛮横专断的旧风格。实话说，这是男性们集体面临的一个大挑战，大家都需要调整心态，适应新的模式。

虽然男性要让渡出一些权力给妻子，但是得到的好处更多。戈特曼教授的研究表明：与那些不肯定改变的男性相比，接受改变的男性拥有着更加幸福的婚姻，离婚的可能性也比较小。而那些不愿意和另一半分享权力的男性，婚姻破裂的可能性是 81%。相比较于男性，女性更愿意接受另一半的影响。所以，如果男人们能够学着接受妻子的影响，将更有利于婚姻的美满幸福。这种接受影响和主动改变的丈夫们，是新型的高情商丈夫。

在国内，男女平等的观念已经深入人心，女性力量得到前所未有的解放和发挥。但有一些女性的做法，有点矫枉过正了，导致男性的力量被压制。男性的力量被忽视和压制，会影响孩子在成长过程中对父亲的需要。有些孩子特别胆小，其实就是因为他们缺乏父性力量的支持和鼓励。女性力量要和男性力量相加相合，互为补充拧成一股绳，劲儿往一处使，才能发挥出最大的两性合力。

接受影响：打造有边界感的舒适空间

上面讲到了三大类婚姻："气管炎"型、"钻石王老五"型和平等合作型，女性和男性都需要在观念上做出调整，才能打造出平等合作型的幸福婚姻。具体要如何做呢？下面介绍四个方法：接受影响、保持边界、接纳差异和主动商量。我们先来看第一个方法：接受影响。

四个层面的相互影响

关系中的两个人是彼此影响的，包括在物理空间、时间安排、行为活动和心理层面四个方面上。比如，你在卫生间刷牙，对方也过来刷牙，你就得给他让让位置；另一半喝醉了在卧室床上扯着呼噜大睡，你就没法很好地休息；晚上吃完饭了，另一半想让你陪他散散步，如果你答应了，你就没法安排自己想做的事情，比如，看电视。

对空间和时间上的相互影响，我们很好理解，下面说说行为活动和心理层面的影响。举个例子，丈夫很喜欢打乒乓球，经常下班后和朋友一起玩。可是妻子想让丈夫下了班就回家吃饭，然后再一起看看电视聊聊天。这时丈夫就要重新考虑下了，如果妻子很强硬不让丈夫去玩，丈夫可能为了息事宁人就放弃了打乒乓球的爱好。这就是在行为层面上的影响。丈夫可能会因此变得郁郁寡欢，即使晚上在家也没精打采的，这就是对丈夫心理的影响。

如果一方对另一方总是不满意，动不动就是指责、嘲笑、否定、打击，久而久之，被打击的一方就会变得越来越不自信、越来越悲观。但如果一方接收到的是另一半的肯定、鼓励、欣赏和感激，他就会越来越自信开心、越来越有上进心。这也是心理层面的影响。

我们可以看到，另一半的影响是无处不在的。有的影响是中性的，有的影响是积极正面的，有的影响则是消极负面的。我们要学会识别，去接受中性和积极的影响，因为接受影响就表明你愿意进行平等的权力共享。但对于消极负面的影响，我们要温和而坚定地说"不"，再好好沟通。

接受影响："亲爱的，你说了算"

接受影响的前提是两个人拥有平等的地位，共享权力，且自愿地接受对方的影响。任何一方都有权表达自己的看法和观点，说出自己的需求和感受。与此同时，双方都要关注彼此的看法、观点、需求和感受，并给予适当的回应。接受影响，并不一定就得认同对方的观点、采纳对方的建议或满足对方的要求，而是坚持"既考虑到对方，又不委屈自己"的原则。既接受对方的影响，但也保留不接受的权力，视情况而定。

对家务活一般会有分工，比如，你做饭我洗碗，你打扫房间我倒垃圾。写作本章内容的时候，正好是 2022 年卡塔尔世界杯足球赛，我就举一个和足球有关的例子：妻子让正在看球赛的丈夫去倒垃圾。让丈夫倒垃圾，这是妻子非常合理的请求，也是妻子给丈夫施加的一个影响。丈夫接不接招儿、如何接招儿，能反映出丈夫接受妻子影响的程度以及他的情商。

先来看几种不接受影响的回应。

- **直接忽视**：当作没听见，继续看球赛，冷漠对待。
- **冷冰冰的拒绝**："我不去，没看见我正在看球呢！"
- **指责妻子**："家务活儿是你的事，我不干！"

换位思考一下，如果你是妻子的话，碰到上面这三种不接受影响的回应，心里会是什么感觉呢？是不是感觉很受伤，还会很愤怒。

再来看两种接受影响的回应。

第一种：立即答应妻子，先把球赛放一放，花几分钟把垃圾整理好，丢掉后再继续看球。

第二种：丈夫当时不想倒垃圾，想下午再做，或是球赛就快结束了，不想错过关键赛点。这时丈夫温和地表达出自己的想法："亲爱的，我想下午再收拾垃圾，现在我不想做。"或"亲爱的，稍等一会儿哈，现在正是关键赛点，结束后我马上去倒垃圾。"

上面第一种回应肯定没话说了，第一时间接受了妻子的影响，响应了妻子的需求。第二种回应虽然没有立刻满足妻子的需求，但依然是接受了妻子的影响，也很积极地回应了，既考虑到了妻子的需求，同时也照顾到了自己的需求。

一方是否会接受另一方的影响，是由多种因素共同决定的，包括个人的状态和观念、当时的情景、感情的好坏以及施加影响的态度和方式等。特别是施加影响的态度和方式，是关键变量之一。比如，在上面例子里，如果妻子是温柔地提出请求，那么丈夫更可能愿意接受影响并行动起来。

但如果妻子一开口就说："你怎么这么懒，又不倒垃圾，让我说多少次！"那么丈夫就会开启防御或反击姿势，因为他受到了语言的攻击。受到攻击时，要么防卫，要么反击，要么逃跑。所以，为了让丈夫更好地做家务，妻子可以选择用温和的方式提出请求："亲爱的，能帮我一个忙吗？把咱家的垃圾处理一下吧，都有味儿了。"

当另一半发出的是中性或积极的影响时，我们要有积极回应的态度，让对方有一种"亲爱的，你说了算"的感觉。不管是被提醒时主动倒垃圾，还是加班不回家吃饭提前说一声，或是暂时放下手头的事认真听另一半说话……这些都是愿意接受影响的积极表现。当双方都能做到既考虑对方的需求和感受，也考虑到自己的需求和感受时，"我"和"你"就转变成了亲密的"我们"。

保持边界：给彼此留一个舒适空间

对于中性和积极的影响，我们主动接受与积极回应。但当影响是消极负面的，就可能是控制的枷锁，变成让人不舒服的芒刺，此时我们要温和而坚定地说"不"，勇敢地保持一定的边界，给自己留出自由呼吸的舒适空间。这里的空间既指家里的物理空间，也指心理空间。

为什么我们不喜欢别人用手掐我们，疼是一方面，还因为掐这个动作侵入了我们的皮肤，突破了身体的安全边界。什么是边界，通俗来说就是"你再靠近，我就不舒服了。"如果一个陌生人离我们很近，我们会不舒服不自在，因为他突破了安全边界。就算是最亲的人，掐疼了我们，我们也会本能地感到痛，心生反感、厌恶甚至是愤怒。

两个人生活在一起，物理空间上难免相互影响，但如果丝毫不设边界，两个人都没办法很舒服地生活，需要各有各的"地盘"。不同人有不同的生活习惯和偏好。比如，有的人特别讲究干净整洁，有的人对于脏乱差也能忍受。我认识一对夫妻，妻子非常爱干净，家里常常被打扫得一尘不染，但丈夫却不太讲究，认为方便省事儿最重要。为此两口子没少吵架。后来，他们想出一个办法：划分地盘，各管各的，谁的地盘谁做主。

妻子能理解丈夫的生活习惯，但也不将就自己对生活品质的追求。妻子的底线要求是卫生间和卧室一定要干净，其他的地方都可以商量。而丈夫的需求则是自己的书房自己管，不用妻子插手。就这样，妻子对丈夫书房的"脏乱差"睁一只眼闭一只眼，丈夫也遵守约定，去往妻子的"地盘"时会尽量保持干净整洁，客厅和厨房则是一起商量、共同负责的"公共区域"。

空间边界被侵入会让人不舒服，心理边界被侵入则会让人极度不适。在平等关系里，任何一方都有权表达自己的看法、感受和需求。当另一半有意无意地侵入我们的心理安全边界时，被入侵的一方一定要温和而坚定地说"不"，表达出自己的感受和需求，维护自己心理上的安全边界和舒适空间。

有时候一方会无意或刻意地拿对方的缺点和痛点开玩笑。比如，个子矮的人可能会很忌讳别人谈论自己的身高，如果另一半还老拿身高开玩笑，这就会非常伤人。再比如，如果是农村出来的、家境不好的人，一直被爱人拿"农村人"出来说事儿，往往会被勾起不愉快的记忆和自卑情结。

无论是嘲笑另一半太矮、太瘦、太肥、太小心眼儿，还是对伴侣的痛点、敏感点和创伤毫无顾忌地戳插，这都是在过度入侵另一半的心理安全边界，另一方不仅会很难受很受伤，还会产生反感、愤怒甚至是怨恨的情绪。对于缺点、痛点、敏感点，自己开自己的玩笑没什么，往别人的伤口上撒盐就不合适了。

不管对方是无意还是刻意，被入侵边界的一方一定要温和而坚定地说"不"，守护属于自己的安全空间。比如，面对让人不舒服的玩笑，你可以这么说："亲爱的，听到你对我的 ××× 缺点／弱点／痛点／敏感点开玩笑，我很不舒服，特别是你当着我朋友的面这样说我的时候。我需要得到尊重和保护，希望你以后别再这么说了。"

这样的表达是不是很熟悉？这就是第 3 章讲到的积极沟通：描述事实 + 表达感受 + 说出需求 + 提出请求。这么做能让另一半看清楚我们的感受和需求，从而调整他自己的言行。但如果对方怎么都不改，说明他一点儿也不想接受我们的影响，不考虑我们的感受，屡教不改的话，我们确实更适合结束这段关系了。如若不然，我们的心理安全空间就会不断受到挤压，挤压到一定程度时，就可能会心理崩溃或精神失常。很多被 PUA 的人就是这么一点一点被入侵和控制的。

接纳差异：从"你应该"到"我发现"的心态转变

差异是关系的试金石，伴侣间处理差异的能力，是预测他们关系亲密度和持久性最重要的因素。

第 2 章着重介绍了男女两性在大脑、特质、情感需求和原生家庭等方面的差异，其实任何两个人之间都会存在相同和不同的部分，了解了彼此的差异，就能理解对方的行为方式和心理特点，而了解和理解又是接纳的前提。一个人想要做到全然地自我接纳尚且不易，接纳另一半更是需要持续修炼的课题。

"你必须"会把爱人越吼越远，"我欣赏"则让对方更愿靠近。

丢掉改变另一半的执念

如何才能做到接纳另一半与自己的不同，接纳对方身上的缺点、毛病和不足呢？答案是要从"你应该"的强迫视角，切换到"我发现"的好奇心视角。很多冲突和问题表面看来是因为差异所导致的，其实根本原因是不愿意承认和接纳另一半的不同，以及总怀着一颗想急切改变对方的心。

想要改变伴侣的人，通常都打着"为你好"的大旗，却做着自私的事情，归根究底还是为了能让自己舒服。这些人最常用的词语是"你应该""你必须""你为什么不能""如果你 …… 我就可以 ……"等，比如"你应该听我的""你必须这么做""你为什么就不能 ……""如果你再努力点儿，我就不用那么辛苦了""你不听我的，就是不爱我"。

这些带着强迫语气的话，带给对方的是无形的压力和内心的反感。有的人会出于爱或为了息事宁人，硬着头皮去做自己心不甘、情不愿的事，心中的郁闷和痛苦可想而知。但当他们带着不情愿去做的时候，另一半又不愿意了，会说："你这苦大仇深的样子给谁看呢？我是为你好才让你这么做的……"

为什么做与不做都不能让另一半满意呢？因为另一半想要的改变包含两个层面：一是行为上的改变，从不做到去做；二是态度的改变，另一半希望我们理解他们的良苦用心，希望我们是真心愿意采纳他们的建议，满心欢喜地去执行。因此，这里的关键问题就是被迫改变的一方不是发自内心地去改变。

被强迫的一方即便行为上改变了，情感上也很难接受，脸色自然不好看，因为是被逼的。我们永远无法真正改变一个人，除非他发自内心地想要改变。如果先放下改变对方的执念，用一颗接纳和包容的心对待，不仅自己的烦恼会减少很多，还会慢慢发现，对方不知不觉地在改变。

带着"我发现"的正念之心

有一个段子：有一本英文书叫 *How to change your wife in 30 days*（《如何在 30 天内改变你的妻子》），一上市就很畅销，一周的时间就卖出百万册，后来作者发现书名拼写错了，应该是 *How to change your life in 30 days*《如何在 30 天内改变你的生活》，书名改正过来后，一周只卖出去了 3 本。这虽然是个段子，却可以看出生活中有多少人想着改变自己的另一半。其实，如果把改变对方的执念心，换成是去发现对方的正念心，就能看到很多意想不到的好处。

带着"我发现"的眼睛，更能接纳另一半的不同。也许他理解的洁净是地上没有垃圾，但你的理解是一尘不染，这种理解上的差异，没有哪一方对，哪一方错。对同一件事情，两个人的观点可能不同，甚至可能是对立的。就算是矛盾的观点，也不一定就是谁对谁错，也许是价值观不一样。我们可以尊重并接纳另一半有自己的观点、想法，允许他自由地表达出来，就算不认可他的观点，也能够耐心地倾听，坦诚地交流。

美国小说家《了不起的盖茨比》作者弗朗西斯·菲茨杰拉德（Francis Fitzgeralo）有这样一段关于一流的看法：检验一流智力的标准，就是看当头脑中同时存在两种相反的想法时，是否依然能保持行动能力。如果做到了尊重差异，那么你就拥有了第一流的智力，同时也能拥有和谐的亲密关系。检验另一半是否真的爱你，就看对方是否能在双方观点不同的情况下，依然能够不急不躁地倾听与交流，做到不评判、不反驳、不打击。

带着"我发现"的眼睛，能看到差异会带来新鲜感。差异的存在，不仅是必然的，还是必需的。想象一下，你的另一半除了性别不一样，其他方面跟你完全一样，两个人在一起每天就像左手摸右手，那多无趣、多乏味啊。新鲜感从哪里来？新鲜感从差异与变化中来。每天吃山珍海味都吃腻了的时候，来点儿小米粥加咸菜，就会觉得很新鲜很有滋味。

所以，我们要带着好奇心去发现另一半身上的新奇点，并把这些当成他的特点而不是缺点。关于什么是喜欢，有一个公式：
喜欢 = 熟悉 + 意外，比如，意想不到的礼物会让我们有惊喜感。
关于另一半，我们已经有很多熟悉的部分了，如果还能把那些差
异和不同当成是"意外"去接受和探索，则会不断生发出内心的
喜欢。就算另一半是一只酸涩的柠檬，我们也可以加些糖和小苏
打，把他变成酸甜可口的柠檬汽水。

带着"我发现"的眼睛，能够从对方身上学到很多。两个人
如果完全一样，不仅会毫无新鲜感，而且也无法从对方身上学到
东西，因为你知道的我都知道。正是因为差异的存在，才有从另
一半身上学习的机会。比如，对待同一件事情，另一半的观点确
实与我们不同，但也提供了另一个角度，再通过交流与启发，能
让我们更全面地看待一件事情或解决一个问题。

差异的存在，还能让我们从另一半的美好品质里学到更多。
对方身上那些让人欣赏的品质、能力、优势，都是值得学习的。
比如，男性朋友可以从老婆那里学习如何表达感受和情绪，女性
朋友也能从老公那里学到如何清晰直接地表达心里的需求。

不管是男性向女性学习，还是女性向男性学习，每个人身上
都拥有一些另一半不具备的优秀品质，这既是差异，也是让彼此
变得更好的宝贵资源。面对亲密关系里的差异，我们不仅要尊重
差异，接纳差异，还应该感谢差异。两个人在一起，最好的契合

状态应该是：彼此有相同的部分，也有差异的部分，相同的部分让我们舒服，差异的部分使我们进步。

主动商量："亲爱的，我想听听你怎么看？"

要在关系平等、权力共享的基础上打造温暖幸福的婚姻，我们已经介绍了接受影响、保持边界、接纳差异三个方法了，接下来是第四个方法：主动商量。

"亲爱的我说完了，我想听听你的想法？"

自作主张一时爽，破坏信任没商量

我们先看几个例子。

> 雨桐老家的亲戚打算来旅游，想在他们家住几天。因为是挺熟的亲戚，雨桐在电话里就直接答应了。晚上跟明轩说这事儿的时候，明轩非常不开心。

丈夫明轩为什么不开心？

> 明轩的朋友因家里困难来借 2 万块钱，但雨桐觉得数额太大就借了 1 万。后来，明轩偷偷把另 1 万块也借给了朋友。虽然朋友如期还了 2 万，但雨桐知道后仍然很高兴。

妻子雨桐为什么不高兴？

> 明轩和雨桐都会背着对方给自己父母钱或是买东西。被瞒着的另一半不知道还好，知道了就非常不满。

他们为什么会不满呢？

主要原因是没有经过商量，一方就自作主张，导致另一方觉得自己的权力没有受到尊重。我们说责权利是统一的，亲密关系里的双方都对关系和家庭负有责任，相应地要有一定的权力，以及享受到一定的利益。比如，家庭的经济账户，每个人都有为家里挣钱、节省开支的责任，也同时拥有使用钱款的权力，以及享受金钱带来的益处。

但当一方秘密地动用了共同财产时，另一半如果毫不知情，这种行为就是在剥夺对方的权力，同时也是一种欺骗的行为。比如，在上面的例子里，不商量就答应亲戚或是朋友的请求，根本没把另一半的想法和感受放在心上，尤其是那些偷偷摸摸或以欺骗手段隐瞒实情的，更是气人，会严重破坏两人间的信任。

既然结了婚就应该夫妻同心，遇到事情得一起商量，共同做决定。这才是彼此尊重，想一起过日子的态度。比如，家里的共同存款，不管谁挣得多谁挣得少，都属于共有财产，存款的数额、存储类别和如何使用，两个人均有知情权和参与决定权。

如果一方觉得我挣得多，我想怎样就怎样，根本不商量，这会严重破坏两个人的关系。特别是有些大男子主义的男性，遇事不先商量，先斩后奏，或是打算一直欺瞒下去。经常这么做的人，其实就是不想共享权力，也就谈不上关系平等了。这样不平等的关系，就好比一个人是站着的姿态，而另一个人是蹲着的姿态，一旦交流互动起来，站着的是俯视，蹲着的则是仰视，蹲着的一方很明显矮人一头，长时间仰着脖子肯定会很不舒服。

最好的关系不是仰视，不是俯视，而是平视。 平视意味着平等，平视意味着欣赏，平视意味着不刻意取悦迎合，平视意味着既不故意掩盖对方的硬伤，也不无限放大对方的缺点。关系里要做到平等相待，总结来看 12 个字：**永不俯视，常常平视，偶尔仰视。**

永不俯视，说的是永远不要贬低、否定、打击你的另一半；常常平视，说的是欣赏对方的优点，接纳对方的缺点，接受对方的影响，保留自己的边界；偶尔仰视，说的是可以偶尔崇拜一下对方出众的地方。在这样的关系里，伴侣之间不会互相攻击贬低，而是会彼此欣赏，相互接纳与支持，开心幸福地一起成长。

遇事主动商量，双方共同决定

不管遇到什么事情，要做什么决定，只要跟另一半有关系的，都要事先告知，商量后再做决定，让彼此都有一种"我有参与权、话语权和决策权"的感觉。不能"我一个人说了算"，而是"我们俩一起说了才算"。特别是那些另一半可能会有不同意见的事情，更要主动商量。不商量、自作主张是一时爽了，但事后会一直不爽。

罗兰·米勒教授的《亲密关系》一书里有一项研究：当现代夫妻平等地分享他们的决策权时，他们就会感到更加幸福，冲突和问题更少，更不可能离婚。与之相对，不平等婚姻中的夫妻一方比另一方更有权，他们更不幸福，冲突和问题更多，更容易离婚。

当然，像是自己一个人时午饭吃什么，买一本几十块钱的书，这种小事肯定不需要商量。但重要的事情肯定得商量后再行动。我有一个朋友，在网上买书，因为各种满减、打折促销，竟然一下子买了 4000 多块钱的书，相当于半个月工资了。他事先没跟老婆商量，书到了还跟老婆说原价 6000 多块呢，他老婆的脸色立马变了，到现在还耿耿于怀。

我认识一对感情不错的夫妻，丈夫只要买超过 300 元钱的东西，就会事先跟妻子说。如果是很大的开销，他们会坐下来好好商量一下，就算是三四百元的线上课程，丈夫也会跟妻子打声招呼。因为他们彼此约定好了。有时候我约他出来玩，他不会立刻答应，而是先回去跟他爱人商量后再回复。

有人会想这男的怎么这么怕老婆啊！我的回答是甄子丹主演的电影《叶问》里的一句台词："这个世界上没有怕老婆的男人，

只有尊重老婆的男人。"我猜想真实历史里的武术大师叶问，可能没说过这句话，但不这么做的男人，肯定无法拥有一个幸福甜蜜又长久的婚姻。

婚前的事情可以一个人说了算。但婚后就是两个人的事情了，不能还是"我说了算"，而要变成"我们说了算"。

第 6 章

积极回应：
让感情持续升温的亲密互动法

什么是爱？情感联结与积极性共鸣

雨桐和明轩恋爱两年了，感情非常好，打算年底结婚。周六的午后阳光明媚。跟以前一样，两个人在附近公园里散步聊天。明轩搂着雨桐的肩，雨桐抱着明轩的腰，有说有笑地聊着。

"看这百合花，多好看呀！"雨桐兴奋地指着旁边成片的百合。明轩转过头来，看着雨桐的眼睛说："真好看，你最喜欢百合了，待会儿咱们买几枝放在家里吧。"两个人在长椅上坐了下来，继续聊着百合花，想用插花把小窝装饰得更温馨。

"亲爱的，快看，大金毛！我特别喜欢大金毛！"明轩两眼放光地说着，一只大金毛从他们面前窜过。雨桐顺着明轩手指指着的方向看过去，说："我也喜欢大金毛，还有哈士奇，特蠢特萌。我还喜欢猫猫，超可爱！"

"咱们以后，养一只狗，养一只猫。再养俩孩子，哈哈！"正说着，明轩伸手去摸雨桐的肚子。"去，别没正经的，养这么多养得起吗？"雨桐打了一下明轩的手，往他大腿上拧了一下。聊着，说着，笑着，1个多小时过去了，他们准备回家。

他们刚站起来，一对头发花白的老夫妻，手牵着手，有说有笑地从他们身边走过。"他们有六七十岁了吧，还牵着手，感情真好啊！咱俩以后也会像他们一样，亲爱的，你说是吧？"雨桐含情脉脉地看着明轩。"那是一定的，肯定比他们还好，咱们去买花吧。"明轩搂着雨桐，坚定地说。

爱，是安全稳固的情感联结

我们之所以会爱上一个人，是因为我们开始和维持一段亲密关系背后的动机，是为了满足我们未被满足的需求，陪伴、照顾、了解、支持、接受、抚摸和相拥而眠。

——《亲密关系》

读到上面明轩和雨桐之间温馨的对话与互动，你有没有感受到浓浓的爱包围在他们身边呢？如果让你给"爱"下一个定义，你会怎么说呢？是不是觉得不太容易。不仅我们觉得很难，古今中外的哲学家、神学家、社会学家、心理学家都在思考："什么是爱？"直至今日也没有一个统一确定的定义。

说"我爱你"时，爱是一个动词，爱是一种能力；当一个人对另一半说"我感受不到你的爱"时，爱就变成了一个名词，是一种给予和付出；当一个女孩被一个男孩追求的时候，她可能会说："我对他没有感觉。"这个时候爱又变成了一种感受。关于爱，我们还常常听到很多不同的说法，比如，爱是激情催生出来的冲动，爱是责任与奉献，爱是陪伴与照顾，爱是包容与接纳，爱是支持与欣赏，爱是渴望与感激，爱是人人都不可或缺的营养，没有爱的滋养人就会枯萎……

人本主义心理学家亚伯拉罕·马斯洛（Abraham Maslow）的需求层次理论（hierarchical theory of needs）认为人类有五大需求，构成了一个金字塔模型，越是靠近底层越是刚需，从下往上依次是：生理需求、安全需求、爱与归属需求、尊重需求和自我实现的需求。我们可以看到第三层就是对爱的需求。

从依恋理论来看，爱是每个人最本能的需求。婴儿从呱呱坠地，就需要时刻依靠自己的父母，以获得食物、安全和情感上的满足。成年之后，情感上的依恋需求依然存在，但会从父母身上转移到爱人身上。所以，对爱的渴求，就是想让自己的依恋需求获得满足。

不管如何描述爱，如何给爱下定义，我们都能看到，爱一定发生在两个人之间，拥有关系属性。当一个人和另一个人建立了爱情关系，彼此就联结在了一起，不仅仅是空间上的靠近和接触，更是心灵和情感层面的交织与融合。从这个角度来看，爱是彼此间身心灵层面的亲密联结。

打个比喻，当两个人建立了爱的联结，就像被一根红绳连接在了一起，不仅是身体上的联结，还有思想、情感与行为层面的联结。一方的任何活动，都会通过红绳影响到另一方，这根红绳就是相互联结的纽带。大量研究表明：想要拥有美满的亲密关系，关键在于，彼此建立的联结在情感上是安全稳固的。

有了红绳的联结，意味着在有依恋需求时，我们能够顺着红绳找到另一半，继而得到另一半的支持、鼓励、安慰、陪伴、欣赏、接纳等各种形式的爱。但当我们顺着红绳过去了，却找不到另一半或另一半毫无情感回应，这意味着红绳变细变弱了，或是断开消失不见了。此时依恋需求得不到满足，我们心里就会产生依恋恐惧和不安全感，因为爱消失了。

千里姻缘一线牵，爱的联结不能断

真正的爱，是彼此间安全稳固的情感联结和及时的情感回应，通俗来说就是：你放心，我一直都在红绳的另一端，你可以

随时看到我、找到我，并能获得我的积极回应、关注、尊重、理
解、安慰、支持、欣赏、接纳、感激、陪伴，因为我的心在你身
上，你是我的"心上人"。

爱，是 ABC 三维度的积极性共鸣

上面从依恋理论的视角，给爱下了一个定义：爱，是两个
人间安全稳固的情感联结。下面从情绪科学视角来探讨什么是
爱。积极情绪领域的研究先驱芭芭拉·弗雷德里克森（Barbara
Fredrickson）教授，将积极情绪分为 10 大类：喜悦、感激、宁
静、兴趣、希望、自豪、逗趣、激励、敬佩和爱。也就是说，爱
也是一种积极情绪。爱是一种情绪，也是一种感受，而且像其他
情绪一样，有时出现，有时消失。

弗雷德里克森教授在《爱是什么？ LOVE 2.0》一书里把爱
定义为：你与另一个人产生温暖情感联结的微小瞬间。这和之前
定义的共同点是，都提到了情感联结，只是弗雷德里克森教授定
义下的爱，是短暂的情感状态。也就是说，爱的感觉是有时有，
有时无，是一种稍纵即逝的情绪体验。所以当一个人跟你说他一
直爱着你时，在这个定义下他就是个骗子，只有你感受到了自己
和他之间存在情感联结时，他才是爱你的。当你们都呼呼大睡

时，爱就消失了。

那怎么才能达到情感联结的状态，体验到爱的感觉呢？答案是引发 ABC 三个维度的积极性共鸣。亲密关系里，当双方在情绪情感（Affection）、行为行动（Behavior）和认知想法（Cognition）的任何一个维度上达到一致、同步和共鸣时，爱就产生了，所以爱就是具有情感联结功能的积极性共鸣。

情绪情感上的共鸣，比如，高兴时的对视大笑，共渡难关时的互相安慰，都是情感上的积极性共鸣。当另一半为我们的开心而开心，因我们的难过而难过时，彼此就在感受上达到了同步和共鸣，此时我们最能感受到彼此间的爱意。但如果一方无论是高兴还是悲伤，另一方都非常冷漠、无动于衷，这种情绪感受上的不一致，肯定激发不了爱的联结，也就是没有爱。

行为行动上的共鸣，最简单的例子就是牵着手一起散步。你会发现，两个人走着走着，彼此的步调步速就达成了一致，这才是真正的同步。如果一对夫妻外出时，一个走在前面，一个走在后面，他们的感情估计很一般甚至很糟糕。一起跳舞或是默契配合完成一些动作，能让两个人在动作上达到和谐一致的状态，爱就自然生发出来了。很多跳双人舞的舞伴最终都成了夫妻，也说明了这一点。

认知想法上的共鸣，指的是当两个人表达出自己的看法、观点，且彼此能够理解、认同时，认知思维上的一致和共鸣就出现了，也即我们常说的"你和我想的一样""咱俩太有共同语言了"。你说的我觉得很有道理，我说的你也很赞同认可，这种找到知音的相谈甚欢，必然会激发出浓浓爱意。如果一方说了自己的想法和观点，另一方不是否定打击，就是嘲笑忽视，那么爱意就会在一瞬间灰飞烟灭。

想一想我们什么时候最能够感受到爱？答案是热恋期、蜜月期和浪漫约会时。为什么呢？因为这些时刻能将 ABC 三个维度的积极性共鸣同时激发出来：一起海边漫步，手牵手看夕阳缓缓落入海平面，烛光晚餐时说不完的情话……总之，大大小小的积极性共鸣，可以带给双方亲密而又深刻的情感联结，达到爱的峰值。

我们常说"夫妻相"，是说两个人在一起时间长了，面相上会越来越相似，但这往往只发生在那些感情很好的伴侣们身上，因为他们在 ABC 三个维度上都能经常达到同步的状态，能够共同体验到各式各样的积极性共鸣，再加上比较相似的饮食和生活习惯，慢慢就体现在两个人的面容上了。所以，爱会让两个人越来越近，越来越像。

积极回应："我在意你，我理解你，我支持你"

> 明轩和雨桐从公园出来后，去附近花店买了鲜花，插在了之前旅游时挑选的花瓶里，那是他们正式在一起的定情信物。时光飞逝，5年过去了。明轩和雨桐当初对未来的期待，只实现了一条：结婚第一年养了只哈士奇。后来雨桐怀孕，就把狗送人了。现在孩子3岁多刚上幼儿园。离当初生俩孩子的目标，还差一个，可两个人都觉得心有余而力不足了。
>
> 现在的两个人，没有了结婚前的那种亲密，也很少一起牵着手出去散步了。当年信誓旦旦地说要学习那对恩爱老夫妻，现在却经常为了一些鸡毛蒜皮的事吵闹不断。恋爱时，如胶似漆，形影不离。结婚后，亲密开始递减，两颗心也在慢慢疏远。

为什么会这样？是激情消退了吗？是房贷车贷的经济压力吗？是繁重的工作占据了太多时间吗？是上孝父母、下养孩子的双重担子吗……不得不承认，种种很现实的原因，都是真真切切存在的。激情会随时间慢慢减退，婚后的大多数日子也很平淡，房贷车贷和忙碌工作的压力像巨浪一样层层袭来，还有养育孩子、赡养父母的重担……光是应付好这些，我们就已经用尽浑身解数了。

但这些都不能成为关系疏远的借口。公园里那对恩爱老夫妻，年轻时也同样有他们那个年代的种种难题，为何他们的关系能够亲密如初呢？因为他们把亲密关系的经营，当作重要的人生课题来对待。在应对工作和生活压力的同时，也不会忘了挤出时间呵护爱情的火花。那如何才能保持爱情的温度，拥有长久亲密的幸福婚姻呢？答案就藏在爱的定义里。

积极回应：保持情感联结的秘诀

一颗心若不能回应另一颗心，这颗心终将凋零。

——诺贝尔文学奖获得者，
美国作家赛珍珠（Pearl S.Buck）

上面我们从依恋理论和情绪科学两个视角阐述了什么是爱：爱是安全稳固的情感联结，爱是两个人在情绪情感（A）、行为行动（B）和认知想法（C）三个维度上的积极性共鸣。其中的关键词是：**情感联结**。如何维持并增强两个人之间温暖、安全、稳固的情感联结呢？秘诀是：做到积极回应。

　　积极回应，是一种及时主动的、温暖有爱的情感回应，能够把情感联结的红绳变得粗壮又坚韧，让彼此在需要时能顺着红绳找到对方，且另一方很主动地满足伴侣的依恋需求和沟通请求。如果两人间缺少积极回应和互动，则会引发沮丧、害怕、生气和绝望。

别让高墙和"黑洞"，阻碍了沟通。

　　很多女性朋友经常说自己的另一半木讷、迟钝、冷漠甚至有点儿"冷暴力"，为什么呢？原因是男人们给的积极回应太少了。想象一下这个场景：你对着爱人费心费力地说了一大堆，对方却一点反应也没有。你就像是对着一堵冷冰冰的墙，而且墙上还有个黑洞，你说的话都被吸进去了，却没得到任何回应。你会是什么感觉？是沮丧、无助、难过、愤怒还是绝望？

心理学家弗洛伊德曾说："无回应之地，即为绝境。"当我们满含期待和另一半沟通和亲近时，对方却没有任何回应。我们顺着红绳找过去，对方已经离开了。就好像你们俩一起在山谷里徒步，他在前面走，你在后面走，忽然阴云密布、大雾四起，你顿时就看不到他了，这时无论你怎么喊怎么叫，他一点儿声音和回应都没有，这个场景是不是很让人绝望。

得克萨斯大学心理学家泰德·哈德森（Ted Hudson）的研究表明：婚姻失败的原因并不在于争吵次数的增加，而在于彼此爱慕与深情的回应越来越少。有一篇关于关系科学领域的重要论文发表在《美国国家科学院院刊》上，这篇论文汇总分析了 43 项研究，调查了 10000 多对恋人和夫妇，研究结果发现，对关系满意度影响最大的因素是：另一半的回应性。简单来说就是你叫他，他立马就有响应，而不是你跟他说话，他半天没反应。

奥地利诗人赖内·玛利亚·里尔克（Rainer Maria Rilke）曾说：爱是两个孤独的人互相保护、接触和回应。所以什么是爱？爱就是积极的情感联结和回应。

"亲爱的，我在意你，我理解你，我支持你"

积极回应很重要，如何才能做到呢？在《依恋与亲密关系》一书里，苏珊·约翰逊（Susan Johnson）教授给出了情感回应的三个关键要素：可亲性（Accessibility）、回应性（Responsiveness）和投入关注性（Engagement），合起来简称 ARE。

可亲性，意思是另一半能够找到你，你也愿意靠近、亲近对方。回应性，是指另一半能够得到你情感上的回应，比如，接纳他的情绪，关注他的状态，必要时提供安慰、理解和陪伴。投入关注性，是指你会主动投入时间和精力在对方身上，需要帮助你给帮助，需要支持你给支持，难关来了，和他一起面对。

我们将可亲性、回应性和投入关注性合起来简称为 ARE，如果把它看成是英文单词的话，ARE 是系动词 be 的现在时，be 的意思是什么？be 的意思是："亲爱的，有我在呢！我一直都在！我在意你，我理解你，我支持你。"所以，把握住"我在意你，我理解你，我支持你"这三个原则，就能做到积极回应了。每一次积极回应也都是在往爱情账户里存钱。

有了指导原则，下面说说需要积极回应的三大类场景。

日常小事：比如，让你在回来的路上带包盐、买包烟，洗澡时让你拿个洗发露、递个毛巾，需要你把餐桌收拾一下，让你带孩子出去玩，想跟你说说话……

开心时刻：比如，买了一条裙子，好看又不贵，很开心；看了一个好玩的段子想跟你分享；升职加薪了很激动；孩子在学校表现不错被老师夸奖……

压力关头：生病了，很难受；工作很忙，很烦躁；孩子写作业不认真，很心烦；跟朋友闹别扭了，很伤心；被领导无故批评了，很窝火……

这三大类场景都需要用心地积极回应。开心时刻和压力关头下的积极回应，能够给爱情账户挣得分量很足的金币和银币（爱情货币根据分量和价值有三类：铜币、银币和金币），非常重要，后面两节会着重介绍。但日常小事里的积极回应也是不可或缺的。

让你帮忙拿条毛巾你就去拿，而不是冷冰冰地拒绝："正看电视呢！没空！"就算当时有事走不开，也要及时说明情况。对平常小事的积极回应，虽然不难，但十年如一日地坚持也很难能可贵。勿以善小而不为，也许日常小事里的积极回应，每次只能挣得几个铜币，但因为发生的频率非常高，铜币也会积少成多。长久坚持下来，说不定你一转身，一座大山就在身后，那是用铜币铸就的爱的大靠山。

而且，爱往往体现在小事的细节里，无数小事里的积极回应，其实是珍贵且长情的陪伴。我看过一段话，写得非常好：陪伴是很奢侈的幸运与坚持。人们都会以为来日方长，什么都有机会，其实人生是减法，见一面少一面。生命无须过多陪衬，需要的仅仅是一种实实在在的陪伴，一种无怨无悔的陪伴，共担风雨，同享喜乐。陪伴，是最好的爱。

ACR 法：让好事成双，把开心翻倍

了解了积极回应的三个原则：我在意你，我理解你，我支持你，也知道了如何在日常小事上做到积极回应，积累看似"不值钱"的铜制小爱情货币，接下来说说面对另一半的开心时刻我们如何积极回应。

主动建设性回应：让好事成双，把开心翻倍

想象场景：你一进家门，老婆就在你面前转圈圈，问："好看吗？"

老婆买了新裙子很开心，这是有好事发生，跟你分享她的

好心情。假如你是刚进门的老公，你会如何回应呢？如果你是女生，也想一想你的另一半会如何回应你呢？你可能会说："嗯，不错，挺漂亮的。"如果能这么回应，先给你点个赞，既做到了有回应，而且在夸赞。

有一种神奇的回应，会让好事持续发酵，让交流互动你来我往，让开心翻倍且能保持好心情久一点。这需要在表达赞美之后多做一些。比如，可以多说一些具体细节：这条裙子具体哪里比较好看啦？跟她的哪些衣服鞋子、项链首饰比较搭啦？用心而具体的赞美才能夸到点子上，另一半才能感受到你的心意。

除了具体的夸赞，还可以多提一些开放式的问题，让对方多说一说。比如，问问是在哪儿淘到的宝贝？有没有打折？跟谁一起出去逛的？过程发生了什么好玩儿的事？让另一半在讲述的同时，也重温了好事发生的时刻。话匣子一旦被打开，两个人就能来来回回地互动，开心、愉快、幸福等积极情绪就会在彼此间流动起来。

上面介绍的属于积极回应。下面介绍两种消极回应，这两个雷区最好能及时识别出来并避开，否则会破坏关系的亲密感和联结感。

消极回应一：泼冷水。本来有好事很开心地分享，结果另一半不但不跟着开心，反而从不好的一面进行否定打击，这种行为就像往正要燃烧起来的火苗上，狠狠泼了一大盆冰水。上面的例子里，泼冷水的伴侣会这么说："又乱花钱买裙子，前两个月买的那条裙子你穿过几回？一点都不知道给我省钱，还不如多买点卫生纸屯着，总能用得上。"是不是嗅到批评指责的味道。这样的消极回应，会让开心的一方瞬间凉下来，还会怀疑发生的好事究竟值不值得开心。

消极回应二：忽视掉。看一组对话感受一下它的破坏力。

> "老公，你看我买的裙子好看不？"
>
> "嗯还行，晚饭做好了吗？饿死了，哦对了，把昨天剩的排骨也热热吃了。"

第二类消极回应的特点是：直接忽视，转移话题，毫不在意另一半说的事情，管你是好事还是其他事，I don't care（我不在乎）。主动分享的一方感受到的是冷落和不在乎。相比第一类消极回应，第二类消极回应的破坏力是有过之而无不及。爱的反义词是什么？是恨吗？并不是。爱的反义词是冷漠，是忽视。苹果公司创始人乔布斯最爱的女人 Tina，因忍受不了乔布斯的忽视，曾在卧室的墙上写下这句话：忽视是一种虐待。可见忽视、冷漠对关系的破坏力有多么惊人。

面对另一半的开心时刻，只有积极回应能体现出对另一半的在意、关注，也才能在有来有往的互动中激发出积极性共鸣，而这会进一步稳固和增强彼此间的情感联结。美国加利福尼亚大学雪莉·盖博（Shelly Gable）教授研究得出的结论：关系里，当一方发生好事的时候，另一方如何回应会对关系产生重要的影响，只有主动建设性回应（ACR，Active Constructive Responding）才能放大伴侣好事里的积极情绪，拉近彼此的关系。

主动建设性回应（ACR）就是上面提到的积极回应。研究里还有另外三种回应分别对应着上面的另外三种：被动建设性回应（简单地赞一下）、主动破坏性回应（对应"泼冷水"）和被动破坏性回应（对应"忽视掉"）。主动建设性回应是积极回应的一种，因为它满足积极回应的三个原则：主动，意味着对另一半的好事有关注、很在意；建设性，表明对另一半的好事是发自内心的开心，并且会给予热情的赞美和无条件的支持。

三件好事练习：配合 ACR 使用，幸福不反弹

了解了 ACR 法回应的威力，有人会问了：生活中哪有那么多好事啊？我和我家那位很少分享好事怎么办？ACR 法还能用

吗？这是非常好的问题，确实是，如果没有箭靶，箭还要不要射出去，往哪里射呢？因此，我要介绍积极心理学领域最重要的练习之一：三件好事，它被称为最有效的、不反弹的幸福练习，是塞利格曼教授研究出来的，我们来简单看一下这个实验。

实验招募了一批参与者，随机分成两组，让其中一组写下当天发生的三件好事以及简单描述好事发生的原因，另外一组作为空白对照组，什么也不写。参与者需要坚持记录一周的时间，随后对其进行各种心理指标的测量和追踪测量。研究发现："三件好事"组的参与者在一周后、一个月后、三个月后和半年后，他们的幸福指数在持续提升，抑郁水平在不断下降。

实验结果是惊人的，仅在 7 天里，每天晚上抽点时间写下三件好事，对参与者的心理状态就产生了巨大的影响：幸福水平不断提升，抑郁水平不断下降，这种效果竟然持续半年之久。后续很多心理学家重复了塞利格曼的实验，也都证明了三件好事的显著效果。

这就是为什么三件好事被称为不反弹的幸福练习，其效果源自对生活中美好事物的主动关注和记录，这些美好的人事物能够带给我们好心情、好状态。前面内容里我们提到过负面偏好的消极影响，三件好事练习正好能帮助我们打开发现美好的眼睛，克服负面偏好的影响，重新发现平凡生活中的小美好和小确幸。

好事，是指生活中发生的大大小小的、激发了积极情绪的、让我们感受到美好的事情，小到吃一顿美食、看到盛开的花朵、朋友间的一次畅聊，大到升职加薪、结婚生子、梦想实现，等等。特别是生活中那些看似不起眼、很容易被忽视的小美好、小确幸，更需要我们放慢节奏，用心去发现、体会和记录。

如何记录三件好事呢，下面给一个公式和几个示例。

三件好事记录 = 描述发生的好事 + 表达你的感受和情绪 + 简单说说好事发生的原因。

- 今天在书店淘到一本好书，非常开心，看来行动起来就有意想不到的收获；
- 收到了好朋友寄过来的土特产，很高兴，也很感激好朋友，被惦记着是一种很美好的体验，我要拍一张照片发给他；
- 老婆做了我最爱吃的红烧排骨，真的太美味了，很满足，很感激另一半对我的疼爱，我要好好抱抱她……

记录三件好事可以从前两步开始：描述好事和表达感受，至于要不要说好事发生的原因都可以。刚开始练习的时候，你可能一时写不出三件，没关系的，写一件也行，只要坚持写，慢慢就能锻炼出对美好事物的觉察力和感知力了。你会发现，那些平时留意不到的小美好越来越多了。

我非常推荐大家和另一半一起做这个练习，然后相互分享。这个练习也可以不用写的形式，吃饭的时候，聊天的时候，主动分享自己当天的好事情，然后用主动建设性回应（ACR）来彼此互动。你会发现，ACR 法和三件好事练习是绝妙的搭配，不仅能持续提升两个人的幸福感，还能不断增进关系的亲密度和情感联结，爱情货币就会一个接一个地飞入你们的爱情账户了。

减压谈话：这么聊，帮助爱人恢复好心情

如果拥有一个懂得回应你的爱侣，你在喧嚣的世界中就拥有了自己的安全基地。如果你在情感上孤立无援，你的生命就如同跳伞时却没穿降落伞一般。有一个能在情感上给予你依靠和支持的人在身旁，创伤的治愈就会容易一些。

——《依恋与亲密关系》

前面详细讲了在日常小事和开心时刻如何进行积极回应，下面该看看压力关头下，如何运用积极回应帮助另一半轻松化解压力，恢复美好心情。当有不好的、糟糕的事情发生时，往往会带

来消极感受、负面情绪和各种各样的压力，此时也是另一半最脆弱、最无助、最需要关注和呵护的时候。

状态不好的另一半会有依恋需求，所以会找你倾诉，此时如何回应至关重要。回应不好的话，不仅没法帮另一半缓解情绪、减轻压力，反而可能火上浇油，引火烧身，爱情账户里的爱情货币就会哗哗哗地流走。回应好了，你们的感情会加深，关系会变亲密，爱情账户就有新的爱情货币增添进去。

减压谈话四步法，助伴侣轻松解压

压力状态下，如何做到积极回应呢？这里介绍一个非常好用的方法：减压谈话，秉持积极回应的三原则，用聊天的方式化解爱人的心理压力和负面情绪。先来温习一下积极回应三原则：

> **我在意你**：另一半找你倾诉，能找到你，而且你有主动及时的回应；
>
> **我理解你**：能理解和接纳对方的情绪、感受和需求，有情感上的回应与共鸣；
>
> **我支持你**：站在伴侣这一边，一致对外，给予爱人需要的支持。

有一点需要明确：这里谈到的压力来自外界，而不是来自你们的关系和婚姻内部，伴侣之间的问题和矛盾就不太适合用减压谈话，而是要用第 3 章讲到的积极沟通。

准备工作：找一个双方都觉得合适的时间，15 ~ 60 分钟，时间长度可根据具体情况做调整。切记要先保持好你自己的状态，因为减压谈话对积极回应的一方要求不小，需要保持耐心和同理心。如果你自己都已经压力满满、负能量爆棚了，相信我，你一定没法做到积极回应。我们要先照顾好自己，才能更好地照顾另一半。

第一步：积极倾听，表达你的在意和关注

关于积极倾听，在第 3 章积极沟通部分已详细阐述过了，总之就是放下手头上的一切事情，带着两只倾听的耳朵，全神投入地听，了解另一半到底发生了什么事，以及话语里的感受、想法、需求等关键信息，还可以通过开放式提问挖掘更多的信息。

第二步：闭上嘴巴，不给建议、意见和方案

无论对方说什么，不要急于发表你的看法，也不要急于给建议和解决方案。这一点男性朋友们尤其要注意。女人倾诉时，多数情况下并不是在求你帮她解决问题，单纯是想通过说话、聊天来释放情绪和压力，这时你只需要提供两只倾听的耳朵和一个可

以依靠的肩膀就够了。

想帮助另一半解决问题的好心，是非常值得被赞赏的，但此时并不是最好的时机。著名儿童心理学家海姆·吉诺特（Haim Gnott）博士曾说：建议要在理解之后，才会有效。其实很多时候，别人并不需要我们的建议。当一个人的消极感受得到理解和接纳，心理压力得到释放和减轻后，他自己知道该怎么做。如果伴侣真的有需要，再和他一起商量讨论也不迟。不做任何干预的陪伴与倾听，有时是最好的疗心药。

第三步：表达理解，接纳感受和共鸣情感

表达对另一半想法、感受、状态的理解和接纳，即"我理解你"，这意味着无论对方表达出什么样的想法，你都不会评判其是非对错；这意味着无论对方表达出何种感受与情绪，你都能理解和接纳，而不是否定、压抑或试图消除；这意味着你能感同身受，同理到另一半的遭遇与心情，和对方的感受产生共鸣。

"想开点，没什么大不了的！""别难过了，他们不是故意欺负你的，往好处想，乐观一点。""你就是心太小，多大点儿事，至于吗？"这样的表达是在否定和压抑另一半的情绪感受，甚至带有批评指责的味道。

"我知道你很难过很伤心，我在呢，想说说具体发生了什么事吗？""我理解你亲爱的，谁遇到这种事儿都会很难受""我也觉得你压力挺大的，真不容易。""我知道你的想法，你本想和他好好沟通。""我也觉得挺生气的，他竟然这么对你。"这样的回应才能体现出真正的理解与接纳，才有抚慰和疗愈的效果。有时候，就算你觉得另一半的观点不太合理，也不需要立刻指出来，目标是帮助对方减压，而不是争论对错。

第四步：给予支持，和伴侣站在一起一致对外

既然压力来自外界，自然要与伴侣站在一起，一致对外。这个"外"就是除了你俩之外的所有人。和伴侣站在一个战壕里，做他的亲密战友，而不是指挥军师，共同面对困难和挑战，不管对面是他的上司还是其他人。"这人太讨厌了，竟然有这种人。""这是欺负人啊，我要找他算账去。"这样的回应会让另一半觉得不是自己一个人在面对，因为还有你在。

减压谈话的四步法介绍完了，我们来举一个明轩和雨桐的生活实例。

> 某天下班，雨桐气呼呼地回到家。一进门，看到明轩，就忍不住倾诉："今天下午开会真是糟透了，我的组长老是怀疑我的能力，还当着大家的面说我。我恨死她了。"

如果你是明轩，你会如何回应呢？先来看看明轩是如何回应的。

> 明轩："我觉得你反应过度了吧，我见过你们组长几次，她人还可以啊。"
>
> 雨桐："她总是和我过不去。"
>
> 明轩："是不是你瞎想出来的，她应该不是针对你，你这毛病该改改了。"
>
> 雨桐："算了，我吃饱了撑的跟你说这事儿。"她气呼呼地进了卧室，砰的一声关上了门。

上面明轩的回应本来是想安慰雨桐的，结果却是火上浇油。也许初衷是好的，但效果很糟糕。如果用减压谈话会怎么样呢？我们来看一下。

> 雨桐："今天下午开会真是糟透了，我的组长老是怀疑我的能力，还当着大家的面说我。我恨死她了。"
>
> 明轩："啊？没想到她是这样的人。"
>
> 雨桐："她总是和我过不去，无缘无故地挑我毛病，找我茬儿。"
>
> 明轩："太过分了，真想找她算账去。"
>
> 雨桐："算了，甭搭理她就好了。"

> 明轩："老婆，你放心，我支持你，有啥需要帮忙的，我随叫随到。"
>
> 雨桐被明轩的可爱劲儿给逗乐了，压力减轻了不少，晚饭时，两个人还继续商量了如何应对这种事情。

积极倾听，不给建议，表达理解，一致对外，减压谈话这四个步骤并没有严格的顺序，只要坚持三个原则："**我在意你，我理解你，我支持你**"，就能帮助另一半调整情绪和状态，减轻压力和负担。著名作家海明威（Hemingway）写过："当你爱的时候，你会希望付出，你会希望奉献，你会想要服务。"

"亲爱的，谢谢你陪着我，听我说了这么多。"

　　我想说的是，当你爱的时候，你会想要保持与爱人的情感联结，会不自觉地想要靠近与回应。不管是日常小事，开心时刻，还是压力关头，积极回应都很重要。生日的小惊喜，结婚纪念日的烛光晚餐，假期的远途旅游，这些确实能够让关系变得紧密，但远远不够。更重要的是在平淡的日子里，彼此间那些大大小小的积极回应，其中蕴含的在乎、欣赏、理解、接纳与支持，也许是爱一个人最好的姿态吧。

第 7 章

深度联结:
创造从"我"到"我们"的快乐与成长

深度联结:从兴趣、目标和梦想入手,打造共同意义感

> 雨桐和明轩结婚才四五年,现在已经分床睡了。
>
> 可谈恋爱那会儿,两个人是无话不说,形影不离的,一起游山玩水,经常一起吃饭、看电影,去书店看书,去公园散步,去朋友家做客,一起憧憬和规划着未来的生活……那时他们好像做什么事都要一起。
>
> 而现在,两个人各有各的工作、兴趣和社交圈,貌似

> 除了孩子这个共同话题之外，就没什么好聊的了，也不一起出去玩了，在家时也是拿着手机各看各的，好似一对搭伙过日子的室友。这不，因为孩子不肯自己一个屋单独睡，母女俩又嫌弃明轩睡觉时打呼噜动静大，夫妻俩算是正式分屋睡了。

雨桐和明轩婚前婚后为什么变化这么大呢？如果把一个人看成是一个圆的话，关系的建立就是一个圆与另一个圆的接触和联结。恋爱阶段和结婚前期，两个圆会靠得很近，有很多重合的部分，两个圆心也离得很近，因此有聊不完的话题，做不完的乐事，还会为未来的结婚、存钱、买房、生孩子做着美好的计划。

时间长了，生活和情感很多方面都趋于稳定，却也无意中渐行渐远。不少家庭是妻子主内，负责家务和孩子，丈夫主外，负责挣钱与事业，这样的分工无形中会导致割裂：妻子整天围着家务与孩子转，丈夫大部分时间都游离在外，好像每天就是回家睡个觉，第二天又走了。

尽管依然住在一起，睡在一起，心里的感觉却是越来越远，不少夫妻都反映说，要不是有个孩子在，都觉得对方疏离得像个陌生人。两个圆开始慢慢分开，圆心也渐隔渐远，直至断了联结，孤独感悄然袭来。有句话说得好，最难忍受的孤独，不是一个人待着，而是有人就在你身边，你却感觉不到他的存在。

一个人待着，不是最难忍受的孤独。
而是你就躺在 ta 旁边，ta 却毫不在乎。

独立与依赖："我"和"我们"之间的较量与平衡

如果说恋爱期像激情喷泉，那么婚后的孤独期就是一潭死水，毫无生机。还记得上一章我们给爱所下的定义吗？爱是安全稳固的情感联结，以及在情感、思想和行动三大层面的积极性共鸣。从定义出发，我们能重新激活，沉睡的爱的泉眼，用行动来增加彼此情感联结的深度，让两个圆再度靠近、融合。融合度越高，共同的部分越多，联结感就能慢慢恢复，甚至会比恋爱期更加深厚。

建立关系前，彼此是独立的个体，是两个"我"。关系建立，双方就组成了相互依赖和联结的整体，从"我"变成了"我们"，但需要各自保留一些"我"的部分。如果"我"的部分被完全侵占，会因太过依赖而失去独立性。但如果"我们"的部分太少，又会丧失依赖的联结感，就很难感受到爱与被爱的喜悦和能量。所以，"我"的部分和"我们"的部分，要有一个合适的分配和平衡，保持每个人既不会迷失和牺牲自我，还能得到关系的滋养与支持。

如何保持双方都舒服的平衡呢？如果每个人都是形状、大小、颜色各不相同的齿轮，关系的建立就好比两个齿轮的啮合，想实现长久的幸福，就要相互配合：像齿轮一样啮合在一起，既彼此借力，又相互给力，在保持自己节奏的同时，不去干扰和破坏对方的节奏，或是强迫对方配合自己的节奏。只有这样，两个齿轮才能默契配合，心有灵犀地持续运转。既保留独立性和自主性的"我"，又能和另一半共建亲密和联结的"我们"，这是爱情里最舒服的状态。

本章开头的故事里，雨桐和明轩都太独立了，失去了能带来亲密和联结的"我们"部分。如何才能恢复爱的情感联结呢？除了前面内容里提到的表达喜爱、欣赏和感激，尊重与接纳，积极沟通和积极回应等方法外，我们还可以从更加深刻的层面入手，打造深厚的联结感——从彼此的兴趣、目标和梦想入手。

深度联结：从兴趣、目标和梦想入手，重新激活爱的泉眼

在最稳固的婚姻中，丈夫和妻子能够分享婚姻的深刻意义。他们并不是简单地在一起，而是互相支持对方的希望和渴望，建立共同的目标感。

——约翰·戈特曼

关于兴趣、目标和梦想，每个人都有，而且很独特。在这三个方面，如果两个人没有一点儿交集，那么想建立丰富深厚的联结，就会非常困难，重点是让两个圆有重叠的交集。两个部分重合的圆会有三个部分：一个部分一方独有的，另一部分是另一方独有的，中间重合的部分是双方共有的。我们的目标就是，把中间共有的部分给扩大，重合的面积越大，彼此的联结感就越强。

具体的做法是要培养共同的兴趣、目标和梦想。两个人在一起培养兴趣，实现目标与梦想的时候，才能碰撞和激发出情感、

思想和行为上的积极性共鸣，爱的泉眼就会重新喷发。

共同的兴趣，是指两个人一起做，且都能从中收获乐趣、兴奋、刺激甚至是冒险的活动，比如，美食、健身、音乐、跳舞、读书、旅游、徒步、攀岩、登山、游泳、潜水、收藏……不管是什么样的兴趣，大的小的，室内的室外的，花钱的不花钱的，关键是两个人都有意愿投入。两个人能玩到一起去，才能在玩乐中收获快乐、亲密感和联结感。

共同的目标，是指两个人方向一致，合力想做成的一些事情，比如，攒钱买车、生养孩子、保持健康、捐助困难儿童、合伙做生意、创作艺术品……每个人都有自己或大或小的目标，关键是能坦诚地分享自己的目标，倾听彼此的目标，从中找到共同的目标或相近的目标。在实现目标的过程中，两个人发挥各自的能力和优势，彼此配合，相互支持，由此产生的信任感和联结感，就能创造出共同的意义感。意义就是联结，通过共同的目标深深地联结在一起。

共同的梦想，是指两个人内心深处，最希望实现的共同渴望。每个人心里都有隐藏的梦想，它给人最强劲的动力。苏格拉底曾说：世界上最快乐的事，莫过于为理想而奋斗。如果你的爱人和你拥有同样的梦想，你们一起努力实现它，那将是世界上最幸福的事情。当然，彼此的梦想不一样也很正常，找到兼顾的方法，在实现梦想的路上结伴而行。比如，一方想环游世界，另一方想成为美食家，那么我们就可以把这两个梦想结合，在走遍全世界的同时，尝遍天下美食。

如果两个人都能够找到共同的兴趣、目标和梦想，那是再好不过的事情了。但现实情况可能是两个人都有各自不同的兴趣、目标和梦想，怎么办呢？首先，两个人好好地梳理、分享和倾听，有时候找不到交集，是因为对彼此了解得太少了；其次，至少在兴趣和目标层面，两个人要尝试找到一些共同的部分，想找总能找得到；最后，在梦想层面，如果达不到一致也没关系，换种方式，尊重和支持彼此的梦想，也能建立深厚的联结感和意义感。

培养共同的兴趣、目标和梦想之所以那么重要，是因为每个人都有对快乐的追求，对探索自我、实现价值和持续成长的需求。如果这些快乐和成长来自亲密关系，那将带给我们十足的满足感、幸福感和意义感。对快乐和成长的需求，也是现代婚姻最显著的特点之一。

快乐与成长：新时代爱情四大类型，你属于哪一类

一段感情最美好的样子，就是在彼此的支持和鼓励下，勇敢地探索，不断地成长。

——卡洛琳·戴奇《在亲密关系中成长》

如果你现在是单身，你想要什么样的爱情呢？如果你处在爱情关系中，你对你们的爱情状态满意吗？每个人都想拥有美好的爱情，可什么样的爱情是好的爱情呢？好的爱情，肯定要能够满足我们的内在需要，那么想一想，我们想从爱情中收获什么呢？是开心、激情、刺激，还是稳定、安全、被照顾、被爱护，抑或是依赖、独立和成长呢？

新时代爱情四大类型，看看你是哪一种

关于什么是好的爱情，复旦大学沈奕斐教授认为：在现代社会，好的爱情需要包含两种成分：第一种成分是快乐，就是两个人在一起恋爱、结婚、生活，应该是开心快乐的；第二种成分是成长，意思是这段爱情关系，能够让彼此自由探索、发展和成长，而不会成为困住双方的沉重锁链。快乐和成长这两种成分，能够让双方的精神状态越来越好，让彼此都成为更好的自己。

沈教授根据快乐和成长这两大维度，以及这两大维度的得分高低，把爱情分成了四种类型。为了更好地理解，大家可以跟着描述想象一幅图：在一张白纸上，从左向右画一条横坐标轴，代表快乐维度，横轴的最左边是最低分，即非常不快乐，最右边是最高分，即非常快乐。然后再从下往上画一条纵坐标轴，代表成长维度，纵轴最下端是最低分，即没有成长，纵轴最上端是最高分，即一直在成长。这横纵两条线，就把白纸分成了四个部分，分别对应爱情的四种类型。

享乐型：高快乐、低成长。在这种类型里，你会感觉很开心、很有激情，比如，两个人一起去吃喝玩乐，非常高兴，很有意思。但是成长维度分值较低，彼此并不关心对方的发展和成长。要么认为快乐比什么都重要，没有意识到成长的重要性，要么觉得，成长是个人的事情。

互惠型：和享乐型相反，互惠型则是高成长、低快乐。在这种爱情关系里，两个人能够彼此支持、促进彼此的成长，比如，在事业上成为合作伙伴。但生活中快乐的成分相对匮乏，双方在一起会觉得安全踏实、进步很快，但总觉得少了些那种共鸣式的开心和激情。

捆绑消耗型：这是最糟糕的类型，即没有快乐，也没有成长。两个人只是搭伙过日子，而且还互相锁死，彼此消耗。处在这种爱情类型里，你的社交圈子会越来越小，越来越不快乐，你的进步和成长也越来越少，甚至还会退步。总之你的状态越来越差，会经常嫌弃和讨厌自己，觉得生活一片灰暗，没有希望。

成长治愈型：高快乐、高成长。双方都很开心，充满积极情绪，同时还能不断地发展和成长。另一半不仅不会限制你、阻碍你，还会和你一起努力，支持你的目标和梦想，为你加油打气、出谋划策。在这种状态下，你会打开自己，喜欢自己，不断去探索内在自我和外在世界，视野的广度和探索的深度，都在不断提升。总之，你会越来越活成你想要的样子和状态。

介绍完了爱情的四种类型，想一想，你曾经或现在的爱情是哪一种类型呢？最理想、最美好的爱情类型就是成长治愈型，同时追求高快乐和高成长，只有这样，我们才能活出最好、最真实的幸福状态来。

好的爱情，要兼顾双方的快乐与成长

有人说我现在的爱情不是成长治愈型，该怎么办？这个问题也确实很普遍。分手、离婚、再去找更合适的吗？首先我们要明白，享乐型和互惠型也是一种不错的爱情状态，因为享乐型里有高快乐，互惠型里包含高成长，而高快乐和高成长，都是打造成长治愈型爱情的必要条件，问题的关键在于，哪个维度分值低，我们就要去提高哪个，查缺补漏。

先来说说两种成分都缺少的捆绑消耗型。同时缺乏快乐和成长，捆绑消耗型调整起来会非常困难。捆绑消耗型有两种，一种是双向捆绑，双方都没有从关系里中获得快乐和成长，只是搭伙过日子、养孩子，生活在平静的麻木状态中，没有乐趣、变化和成长，平静地绝望着。这种情况，若是双方都愿意去调整，可以先从相对容易的快乐维度入手，再慢慢地引入成长维度。

第二种是单向捆绑：一方采用各种手段，把另一半锁死在这段关系里。电视剧《不要和陌生人说话》里面的男主角就属于这种。被捆绑的一方会不知不觉地被困在原地，动弹不得，还会被不停地否定和打击，导致其社交圈子越来越小，越来越没自信，还会有很强烈的无助感和绝望感。如果你处在这种单向捆绑的类型里，就赶紧逃吧，因为对方一定不是爱你，而是在自私地控制你，以满足他自己罢了。

享乐型的问题是，只有高快乐，成长维度分值太低。此时要好好想一想，怎么在成长上多花些时间，把分值提高上去。首先，你要探索和发展自己的目标和梦想，然后寻求另一半的支持。如果自己都不知道要做什么，对方怎么能很好地支持你呢？其次，面对另一半的探索和成长，你要给予理解和支持，尊重他的目标和梦想。最后，培养共同的目标和梦想。两个人彼此支持，携手实现共同的目标，享乐型就会慢慢转变为成长治愈型了。

互惠型的问题是，只有高成长，快乐成分占比太少，因此需要在快乐的维度上下功夫。互惠型里的高成长，往往涉及个人的追求、能力的提升、事业的发展、目标的实现等，这很好，但两个人往往忽视了生活中开心快乐的事情。两个人可以主动增加一些可以带来乐趣、情调和浪漫的事情，比如经常约会、看电影、旅游，培养共同的兴趣，一起玩乐。快乐成分提高了，互惠型就会往成长治愈型转变了。

爱情，是一件很神奇的事情，有时候你之所以被对方深深吸引，可能是因为颜值高、性格好，也可能是因为和他在一起很快乐，还可能是因为他能够让你做自己，支持、鼓励你发展自己。其实，快乐和成长，只要其中任何一个成分能获得满足的时候，我们就应该勇敢地开启一段爱情。另外一种成分可以随着关系的发展再不断地补充和提高，两个人携手努力，打造出最好的成长治愈型爱情。努力的方向则是要牢牢把握住两大关键成分：快乐和成长。

快乐联盟：培养共同兴趣，玩得开心，聊个没够

> **All work and no play make Jack a dull boy.**
> 只工作不玩耍，聪明孩子也变傻。

好的爱情和关系要能够给人带来快乐，下面我们好好聊聊，两个人做什么，才能收获持续不断的快乐呢？

回忆一下，上一次和另一半玩得开怀大笑是什么时候了？多久没有体验过那种玩乐时的开心、刺激、兴奋、好奇、新鲜、冒险和激情了？现在的生活是否因充满了规则、责任、义务、计划而感觉无聊、麻木和压抑呢？往后的生活是否一眼就能望到头呢？

如果你多少也有这样的感觉，说明你的情感生活里，缺少一样非常宝贵的东西：玩，和另一半一起玩。如果亲密关系缺少了玩乐，我们就会像小树苗得不到阳光一样，慢慢就会枯萎凋谢，生活也会变得暗淡无光、毫无生气。就像谚语里说的那样，只工作不玩耍，聪明孩子也变傻。玩不仅是孩子的天性，也是成年人的渴求。

为什么玩的时间越来越少了？因为工作和生活带来的责任、

义务和压力，把玩的天性给压抑住了。久而久之，就算有时间了，我们都不知道该怎么玩了。著名游戏治疗师布朗·史密斯（Brown Smith）说：游戏的对立面不是工作，而是压抑。人一旦压抑了玩乐的需求，就会变得麻木刻板、全无情趣。超长时间的工作与加班，照顾家庭的责任与劳累，已耗尽我们的时间和精力，自然没法像年轻时一样放肆地玩乐，还会把看似不重要的玩乐，排在待办清单的末尾，或者干脆被删除掉。

应该承认，加班挣钱、照顾孩子确实非常重要，但挤出时间留给两个人玩乐放松也很重要。可以少一点儿加班，偶尔把孩子交给父母，和另一半享受单独的玩乐时光。相信我，这样的投资非常值得，哪怕是偶尔做一做。丹佛大学的心理学教授霍华德·马克曼（Howard Markman）的研究发现：玩乐和婚姻满意度呈高度正相关，双方为玩乐活动投入得越多，婚姻就会越幸福。还有研究表明：一起参加各种玩乐活动，一起大笑，能让关系更加牢固、健康和幸福。

玩乐联盟：像好朋友一样，培养共同的兴趣爱好

能玩到一起的两个人，能长久在一起。

想一想，我们和好朋友在一起是什么样的状态？我们有自己的兴趣，好朋友也有他的爱好，而且还会有共同的兴趣爱好。和爱人之间为什么不能这样呢？我们要把另一半当成好朋友，组成玩乐联盟，既能各玩各的，又能玩到一起去。想一想在恋爱之前，两个人是不是更像是好朋友，经常在一起各种玩，并从玩乐中收获快乐和爱情。现在就是重新玩起来的时刻了，组成玩乐联盟，在玩的过程中激活奄奄一息的激情火苗。

能玩到一起的两个人，能长久地在一起。

钱钟书去世之后，有人就问杨绛："你们的婚姻能够这么好的原因是什么呢？"杨绛说："我们的夫妻关系之所以这么好，是因为我们对待彼此，就像好朋友一样。"对待伴侣，要像对待

221

好朋友一样，一起玩乐，一起冒险，一起行动、体验和经历。这样的玩乐，是促进亲密的灵药。美国国家游戏研究所创建者斯图尔特·布朗（Stuart Brown）博士曾说："玩乐能为成人之间的亲密关系注入新鲜感。"

怎么做呢？答案是：培养共同的兴趣爱好，并养成习惯。如果两个人都喜欢户外徒步登山，那就每周末安排一次户外活动。如果都喜欢打球，比如，乒乓球、羽毛球、网球等，可以每周安排几次晚间的运动时光。如果都喜欢玩电子游戏，照样可以固定下来某个时段，一起组队玩几把。

一起玩乐的意义，不仅仅是能在一起，还在于彼此能够建立联结。一起玩乐时，能够培养出相互的信任感、安全感和亲密感。不管是一起吃美食，一起徒步野营，一起玩牌打游戏，一起游泳划船……只要两个人在一起活动，彼此就能创造并体验到积极性共鸣，收获共同的乐趣和意义，也让彼此的联结更加紧密。

有人会说：玩不到一起怎么办啊？这种情况大多是因为双方都缺了点儿东西？缺啥呢？好奇心。当然，好奇心也需要探索和培养。有人会反驳说："我俩的兴趣确实差太多，就是没法一起玩怎么办呢？"

首先，要有耐心，带着另一半了解和体验你的兴趣，说不定对方慢慢就喜欢上了。其次，双方都要抱着好奇心，去了解另一半的兴趣。有的人对另一半的兴趣瞧不上，这样的态度只会让两个人越来越疏远。最后，就算暂时玩不到一起去，也可以用语言分享彼此的乐趣和收获。其实，真心想培养共同兴趣的话，可以把两个人的兴趣点都列出来，相互分享和比对，一定能找到一两个相似的部分，哪怕些许交集也行，关键是有没有那份心。

我曾经认识一对情侣，男方喜欢吃麻辣烫，女方喜欢吃炸鸡，两个人一起出去吃饭，结果男方自己去了麻辣烫店，女方独自去吃炸鸡，吃完再汇合。后来，听说他们分手了。我当时很奇怪，后来想想也正常，两个人吃饭都吃不到一起去，分手也就不奇怪了。

你喜欢吃麻辣烫，我喜欢吃炸鸡，都没问题，问题出在双方都很自我，不肯妥协。其实这次男方陪女方吃炸鸡，下次女方陪男方吃麻辣烫，再下次各自买了喜欢吃的，找个地方坐在一起吃，你尝尝我的，我尝尝你的，这样不也很好吗？

制造变化：打造你们独特的玩乐清单

> 活到老，玩到老。

上面谈到了培养共同兴趣的重要性，再把兴趣养成习惯，每天就都会有盼头。当周一开启一整周繁重的工作时，一想到明天晚上，或周末就能和爱人一起玩了，这一整周都会好过很多，也能给自己注入满满的活力和期待。我自己养成了周末踢球的习惯，每当工作累了的时候，压力大的时候，想到再过几天，就可以和好朋友在球场上挥汗如雨，心里不仅轻松了许多，一整周都充满期待，便能继续投入工作中了。

把共同兴趣固定成习惯，这很好，但也会出现享乐适应。享乐适应的意思是，总是同样去做一件带来快乐的活动，时间长了，人就越来越适应了，好像就没那么快乐了。很多人都喜欢吃炸鸡腿，吃第一个时，简直是人间美味；吃第二个时，也觉得味道不错；吃第三个时，就会觉得味道平平，再吃一个的话，估计就吐了。所以，一起玩乐也需要引入变化，才能带来新鲜感。

人是一种很矛盾的动物，既需要确定感，又需要新鲜感。人就是这么容易适应，这么容易喜新厌旧。所以，一起玩乐的活动，除了固定下来的兴趣爱好，也偶尔来点儿新鲜刺激的活动。之前我们讲过一个关于喜欢的公式：喜欢 = 熟悉 + 意外。熟悉是固定的共同兴趣，意外则是会偶尔能带来变化、刺激甚至冒险的额外活动。

纽约州立大学心理学家亚瑟·阿伦（Arthur Allen）发现：伴侣一起参与的活动越新鲜，越能激起彼此的兴趣，双方越能从关系中获得幸福感。想想也是，一起体验那种带来新鲜、刺激、好奇、兴奋、激情、冒险的活动时，快乐激素多巴胺的大量分泌，彼此情绪上的共鸣，最能让两颗心贴得更紧更近。

我们常说活到老，学到老。其实也应该，活到老，玩到老。玩乐是一种生活态度。下面是一份丰富的玩乐清单供参考。可以根据自己的喜好，从中挑选适合你们一起做的活动。玩乐活动有很多很多，无法穷尽，愿你们能打造出自己的玩乐清单，给你们的生活和爱情保鲜。

室内玩乐清单

1. 约三五好友打牌、打麻将

2. 一起玩某一新的棋类游戏

3. 一起玩一款电子游戏

4. 邀请朋友们来家里吃饭

5. 选择一个新菜品，两个人合作完成

6. 去一家新书店，各送给对方一本他 / 她喜欢的书

7. 选择一家从没去过的饭店吃饭

8. 学习一种需要配合的双人舞，比如，探戈

9. 一起看一场音乐剧、话剧、相声、脱口秀

10. 一起学习跳街舞

11. 一起体验一堂即兴表演课

12. 一起去看演唱会、音乐会

13. 一起去看画展、艺术展

14. 一起去攀岩、蹦床

15. 去某个酒吧假装不认识，相互搭讪

16. 一起去做按摩

17. 相互给对方做全身按摩

18. 一起学习瑜伽、武术

19. 用不习惯的那只手，给另一半写几句情话

20. 一起学习一种乐器

21. 合唱一首新歌

22. 在家里互换角色半天时间

23. 邀请一对夫妻来家里做客

24. 玩捉迷藏

户外玩乐清单

1. 一起远足徒步

2. 一起出去骑行

3. 开车周边短途自驾游

4. 一家人出去露营野餐

5. 一起去古玩市场逛逛，各买一个小物件送给对方

6. 一起玩从来没玩过的球类：足球、篮球、乒乓球、网球、羽毛球

7. 一起到户外玩飞盘

8. 一起去滑冰、滑雪

9. 一起去划船

10. 一起去钓鱼

11. 一起去海边看日出

12. 一起学习冲浪、潜水

13. 一起去动物园

14. 一起去植物园

15. 一起去爬山

16. 一起去跳广场舞

17. 一起去走一条陌生的路，想象你们在侦破案件

18. 一起去坐过山车

19. 一起去蹦极、高空跳伞

20. 去一个你们从没去过的小区里逛逛

21. 一起在户外和陌生人聊聊天

22. 约朋友到户外玩

23. 一起放风筝

24. 一起带宠物到户外玩耍

我把这些大大小小的活动，分为室内活动和户外活动，有的活动比较简单，有的活动有点难度，有的活动需要花钱，还有些活动属于需要冒险（一定要注意安全）。可以根据具体情况，和你的另一半商量，选择你们喜欢的活动，关键是两个人都愿意参与，并能从中收获快乐，快去试试吧。

爱的梦之队：支持和守护彼此的目标和梦想

每个人都有自己的人生目标和梦想，你们需要守护好这些梦想，不要让它们淹没在日常的工作、家庭以及关系的琐事中。

——约翰·戈特曼，《爱的八次约会》

彼此守护：我陪你练舞，你看我踢球。

好的爱情和关系，要能带来快乐，助力彼此成长。上一节从快乐维度出发，详细阐述了如何培养共同的兴趣，创建两个人独特的玩乐清单。接下来，切换到成长维度，看一看双方如何支持彼此的目标和梦想，共同成长和自我实现，都活成了自己想要的样子。

找到最想实现的目标和梦想

拥有目标和梦想的人，是幸福的，是不容易迷失方向的。人生海海，每个人都是茫茫海上的一叶扁舟，一旦有了目标和梦想，就不会像没头的苍蝇一样乱跑乱撞，也不会如行尸走肉一样麻木冷漠，毫无激情，而是能看得到远处明亮的灯塔，目标和梦想，就是指引我们前行的灯塔。

心理学家大卫·迈尔斯（David Myers）和埃德·迪纳（Ed Diener）的研究表明：在一个惬意环境中，被动感受到的快乐，远远比不上在有目标、有价值的活动中，激情投入时所体验到的满足感。为了自己最渴望的目标和梦想努力奋斗时，那是一种深层次的快乐，是充满了价值感、意义感和幸福感的快乐。

每个人的目标和梦想都不一样，有金钱、名誉、声望、权力、地位、享乐，也有成长、自由、自我实现、奉献、助人，等等。这些目标和梦想，虽没有高低好坏之分，但在对目标和幸福的研究中发现：追求成长、人际关系和对社会有价值、有贡献的目标，比追求金钱、美貌和声望更能让人有幸福感。前者是内在的、更有意义的选择，后者往往是出于外在的攀比和压力。

如何找到自己内心最渴求的目标和梦想呢？《幸福的方法》的作者泰勒·本·沙哈尔（Tal Ben-Shahar）博士，当年在哈佛大学毕业时十分迷茫，不知道自己要做什么。这时哲学系教授奥哈德·卡米给他的建议是：生命很短暂，在选择道路前，先确定自己能做的事。在能做的事情当中，选择那些你想做的。然后再细化，从中找出你真正想做的。最后，把那些你真正想做的事情，付诸行动。

做自己最想做的事情，追求自己最想实现的目标，能够让我们感受到最真实的快乐，特别是目标实现过程中所感受到的快乐、价值和意义，都是提升幸福的不竭源泉。如果你已经找到了，那太好了。如果你暂时没找到，或是还有些迷茫困惑，也没关系，不要灰心。除了试试上面奥哈德·卡米教授的建议外，下面两个方法也值得一试，能够帮你做进一步的探索。

遗愿清单：假想一下，在你离开人世前，有哪些事情如果不做，你会后悔？有哪些目标和梦想如果不能实现，你会遗憾终生？严肃认真地反思一下，找到你内心深处最渴望实现的目标和最想做的事情。你还可以假想：如果你现在的生命只剩下最后的一年／三个月／一周／一天了，你最想做的事情是什么？

人生三叶草：找一张白纸，在纸上画三个圆圈。在第一个圆圈里，写下能带给你快乐的事情，在第二个圆圈里，写下你的能力和优势擅长做的事情，在第三个圆圈里，写下那些能带给你价值感和意义感的事情。每个圆圈里都尽可能多地去写。然后把这三个圆圈放在一起，就组成了一株三叶草，看一看三片叶子里的内容，有没有重合的部分。那些重合的部分，大概率就是你最想做的事情。

我们不可能一下子就能找到，需要一个持续探索的时间，而且目标和梦想也会随时间和具体情况而发生变化，这些都是很正常的。关键是不要躺平，不要彷徨和害怕，要持续不断地探索和实践。歌德曾经说过：无论你能做什么，或是你想做什么，勇敢地行动吧！勇气本身就包含着智慧、奇迹和力量。

爱的梦之队：守护彼此的目标和梦想

尊重伴侣的梦想，是一种向对方传达爱意的有效方式，但任何一方都不应该为两个人的关系牺牲自己的梦想。

——约翰·戈特曼教授

拥有灯塔一样的目标和梦想，让人既不迷失方向，又充满力量和希望。一个人在大海上单打独斗，做一个孤勇者当然可以，但如果自己梦想的小舟能和另一半的小舟合并，说不定可以升级成轮船，这艘船的名号就是：爱的梦之队。彼此携手，一同前往目标和梦想的地方，那会是人生最幸福、最有意义的事情。

每个人都有自己的目标和梦想，首先要能坦诚地分享。只有了解了彼此的目标和梦想，及其背后的深层含义，才能做到相互理解、尊重和支持。不管另一半的梦想跟自己的有多么不同，都应该得到理解和尊重，而不是被质疑、被鄙视和被否定。不管出于什么原因，双方都不能牺牲自己的目标和梦想。因为这么做，对方就不可避免地会产生怨恨，失去热情和希望，而这会导致关系的疏离甚至破裂。

两个人能拥有共同或相似的目标与梦想当然好，但如果彼此的都不太一样，这种情况要怎么做呢？答案是两个字：**成全**。这里的成全有三个不同层次。

第一个层次：理解尊重。对另一半的目标和梦想，你可以不感兴趣，但要有基本的尊重，切记不要嘲笑鄙视、否定和打击。我认识一对夫妻，丈夫喜欢下班后打羽毛球，但是妻子不理解，要求丈夫下班后立刻回家，丈夫渐渐放弃了羽毛球。退休后，喜欢摄影的丈夫经常出去拍一些照片，妻子看到照片后，不是嘲笑丈夫拍得不好，就是嫌弃他没自己拍得好。被打击多了，丈夫就不玩摄影了，天天在家看电视，身边一个朋友都没有，身体也越来越差。

　　第二个层次：鼓励支持。对另一半的目标和梦想，给予力所能及的支持，包括经济支持和精神支持。这里我想讲讲著名导演李安的故事。

　　李安获奖出名前的 6 年，是他的蛰伏期。这 6 年里，他是一名不折不扣的家庭煮夫，全职在家做家务，买菜做饭带孩子。之前在好莱坞屡屡受挫，但李安并没有放弃他的电影梦想，在家除了做家务、带孩子，还会挤出不少时间大量阅读、看影片、埋头写剧本。

　　常言道三十而立，男人三十岁后就要立得住，就要挣钱养家。但当时，李安一家的所有开销花费，都是由妻子林惠嘉一个人承担。林惠嘉是伊利诺伊大学的生物学博士，搞研究工作的薪水也不高。对此不少亲戚朋友看不过去，说了不少冷嘲热讽的话。李安心里其实很不好受，也动摇过，曾偷偷学电脑，希望能够找一份工作，好好挣钱算了。

　　林惠嘉知道了，生气地对李安说："学电脑的人那么多，又不差你一个！"李安这才放弃了学电脑找工作的念头，专心致志搞电影。或许用梦想"鞭策"他，才是对他最深切的爱。面对李安没工作不挣钱的境况，林惠嘉不是